주식,
개미지옥 탈출하기

주식, 개미지옥 탈출하기

자신만의 주식 스타일을 찾아 성공적인 투자를 시작하라!

김승대 글·그림

마음의숲

● 머리말

한국 주식시장은 어렵다. 수없이 다양한 주식 고수들의 전쟁터다. 이는 우리 주식시장에 매우 다양한 산업에 속하는 회사들이 상장되어 있고, 그 종목을 매매해서 수익을 얻으려는 다양한 전략가들이 참여하기 때문일 것이다. 주식 전쟁터에서 살아남기 위해서는 그들의 전략(주식 스타일)들을 이해하고 있어야 한다. 주식 스타일에 대한 이해 없이는 주식투자 전략을 세우기 어렵고, 심지어 주식에 대한 대화를 나누더라도 오해만 부르게 된다.

시시각각 변하는 주식 상황에 좌절하고 힘들어하는 개미들을 많이 만나면서, 그들에게 조금이라도 도움이 되고자 인스타그램에 주식 만화를 그리기 시작했다. 이 책은 주식 이론을 설명하는 책이라기보다는 '어떻게 주식에 접근할 것인가?'에 대한 책이다. 즉, 이론서라기보다 방법론에 가깝다. 그러므로 이 책은 초보 개미들에게도 도움이 되겠지만, 주식투자를 좀 해봤다가 실패한 투자자들에게 더 큰 도움이 될 것이다. 이 책을 통해 다양한 주식 고수들은 어떤 길을 걸었는지 확인하여 자신의 투자 접근법이 어디부터 어긋났는지 점검하고, 성공적인 투자의 길을 걷는 기회를 잡길 바란다.

2022년 6월

김승대

● 추천사

초보자들이 이해하기 쉽지 않은 주식투자 관련 이슈를 만화라는 형식을 통해 독자들의 흥미를 유발한다는 점에서 유용한 책이다. 내용 또한 알아야 할 포인트를 깊이 있게 전달하고 있어서 필자의 영리함이 드러나는 걸작이다. 주변의 주식 초보들에게 권하고 싶다.

미래에셋자산운용 사장 **손동식**

오랜 시간 제도권뿐만 아니라 재야에서도 뛰어난 주식 실력을 보여준 튠개미가 초보자에게 나침반이 되는 책을 썼다. "주식투자는 어떻게 시작하고, 어떻게 해야 잘할 수 있을까?"라는 막막한 질문에 최선의 답을 제시하고 있다. 다양한 투자가들의 실전 경험을 쉽게 풀어 쓴 이야기로 주식투자의 승률을 높이는 길을 스스로 찾을 수 있게 도와준다. 아무나 주식 전문가 행세를 하는 지금, 실전과 이론 모두에 강한 저자의 이야기를 이토록 쉽게 접할 수 있는 건 분명 행운이다. 내가 아는 튠개미는 고수다. 진짜 주식 잘하는 사람이다. 내 돈을 맡기고 싶은 그의 조언을 함께 들어보자.

그로쓰힐자산운용 부사장 **황대준**

주식 공부를 해보고 싶은데, 좋은 책 있으면 추천해달라는 주변의 요청이 항상 난감했다. 시중에 나와 있는 수많은 책은 일반인에게 너무 어렵거나, 지엽적이거나, 테크닉 위주로 설명되어 있기 때문이었다. 튠개미의 책을 보니 이런 고민이 해결된 느낌이다. 초년의 행운, 특히 투자에 있어서 초심자의 행운은 명백한 독이다. 초심자의 행운을 넘어서서 장기적으로 꾸준히 수익을 올리기 위해서는 자기 자신에게 맞는 투자법을 알고 발전시켜야 한다. 주식은 종합예술이고 배움은 끝이 없다. 그 배움의 시작을 툰개미와 함께 하시길 권해드린다. 만화책이면 재미있어야 하는데, 주식이라는 어렵고 큰 주제를 다루면서도 재미까지 잘 살렸다.

베어링자산운용 본부장 **김지영** CFA

주식시장은 흡사 고수들이 승리를 위해 끊임없이 무공을 겨루는 강호 같다. 각자 수련을 통하여 무공을 익힌 뒤 강호로 나와 비무를 겨루고, 투자 성과에 따라 지위가 결정되는 과정이 반복된다. 이러한 측면에서 이 책은 다른 주식 책에서 잘 다루지 않던 우리 시장의 다양한 속성과 시장 참여자의 경험 및 일화들을 잘 표현하면서, 강호를 평정할 '절대비급'이라는 것은 없다고 하는 통쾌한 통찰력을 보여준다. 동학 개미에게는 이 만화가 비급보다 더 소중한 가치를 지닌 책이 될 것이다.

미래에셋자산운용 연금플랫폼운용본부장 **김형우**

저자가 자산운용사 주식운용본부장으로 일하던 시절에 부하 직원으로 근무하면서, 운이 좋게 그로부터 시장을 이기는 많은 노하우를 배울 수 있었다. 이 책은 시장을 이기는 다양한 방법을 독자들의 눈높이에 맞춰 재미있고 쉽게 설명해주고 있다. 주식시장에서의 진정한 성공을 위하여 이 책이 큰 도움을 주리라는 것에 의심의 여지가 없다. 독자 여러분들의 성공 투자를 기원한다.

NH-Amundi자산운용 주식운용본부장 **정희석**

나의 20년 지기이자 제도권에서 최고의 펀드매니저 중 한 사람이었고, 전업투자자로도 성공한 툰개미의 경험이 고스란히 담긴 주식투자 입문서라면 더할 나위 없이 추천하고 싶다. 저자의 통찰과 경험이 너무나도 쉬운 글과 편안한 그림으로 녹아난다. 주식투자 필독서로 추천한다.

골드만삭스 서울지점 증권부문장 **문준석**

주식 애널리스트와 펀드매니저로 20년 이상 일한 나에게도 상당한 내공이 느껴지는 책이다. 한국 주식시장을 이해하는 데 있어 단기, 중기, 장기투자 개념은 매우 중요한데, 이를 잘 설명해주는 반가운 책이다. 저자가 펀드매니저로서, 전업투자자로서 성공했던 노하우를 엿볼 수 있는 좋은 기회다.

삼성액티브자산운용 주식운용팀장 **이해창**

저자와의 인연이 시작된 펀드매니저 시절부터 드러났던 날카로운 분석력과, 대한민국 공모펀드 시장의 황금기 시절을 이끈 저자의 혜안이 책 내용에 고스란히 녹아 있다. 만화 곳곳에 언급되는 초보 주식투자자에게 꼭 도움이 될 내용들을 많은 분이 익히고 투자 실력을 기르길 기원한다.

아르게스 PEF 대표 **김현철**

● 차례

PART. 3 왜 나에게 맞는 주식 스타일을 찾아야 하는가?

PART. 4 나는 어떤 주식 스타일인가?

PART. 5 나의 주식 스타일에 맞는 공부는?

PART. 6 몰라서 못 하는 게 아니다, 안 하니까 못 하는 것이다

프롤로그

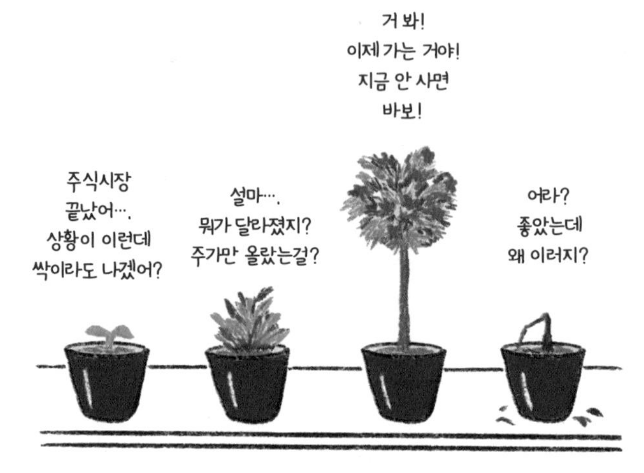
주식시장
끝났어….
상황이 이런데
싹이라도 나겠어?
설마….
뭐가 달라졌지?
주가만 올랐는걸?
거 봐!
이제 가는 거야!
지금 안 사면
바보!
어라?
좋았는데
왜 이러지?

주식 시세는 비관 속에서 태어나고, 회의 속에서 자라나며
낙관과 더불어 성숙하고, 행복과 함께 사라진다.

– 존 템플턴

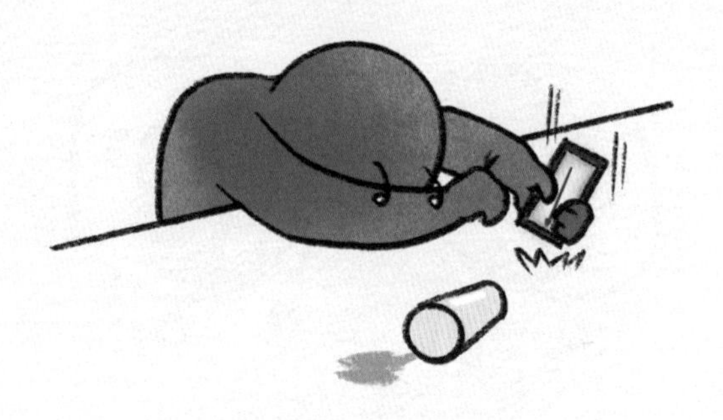
으악!
이제 다 포기다!
돈은 돈대로 까먹고 이게 뭐야!

괜찮으세요?
실례지만 무슨 일 있으세요?
다름이 아니라
제가 1년간 주식투자를
열심히 했는데,
이제 포기하려고요.

저도 나름 열심히 했어요. 매일 증권방송도 보고
단톡방에 들어가서 테마주 추천도 받아보고 책도 몇 권 봤죠.
그런데 전혀 실력이 느는 것 같지 않아요.
계좌도 마이너스고….

주식TV
모닝
열공
주식 입문

이제 평생 해야 할 주식투자인데
1년 만에 포기하는 건 너무 이른 것 아닐까요?
혹시 주식에 대한 접근법이나
공부의 방향성이 잘못된 것은 아니었을까요?

접근법?
방향성?

그동안 주식투자가 마음처럼 잘 안 됐다면
투자 방법에 있어 실수는 없었는지,
자신에게 맞는 주식 공부를 꾸준히 했는지
먼저 살펴보는 건 어때요?

네?
근데 누구세요?

아, 저요? 저는 '툰개미'라고 합니다.
인스타그램에서 주식, 경제 관련 만화를 연재하고 있는
아마추어 만화가예요.

잉?
만화가?

저는 증권사 애널리스트로 일을 시작해서
운용사 펀드매니저로도 근무했는데요.
주식운용본부장으로 근무할 때는
신입 펀드매니저들을 교육하기도 했어요.

이번 주 우리 본부의
운용 방향에 대해 각자 발표해볼까?

지금은 전업투자와 PEF(사모펀드) 일을 병행하며
틈틈이 만화를 그리고 있습니다.

일도 중요하지만
난 만화가 좋아.

약 20년의 주식 인생 속에서
다양한 주식 고수들을 만나기도 했고,

주식매매는
낚시와 같아.

기업의 가치는
등산과 비슷해.

주식으로 어려움을 겪는 사람들을 만나기도 했습니다.

형, 저 전업투자 그만하려고요.
다시 취직해야겠어요.

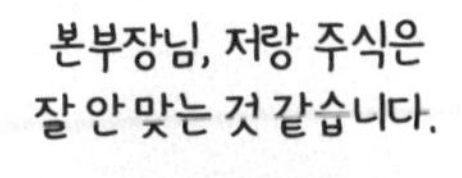
본부장님, 저랑 주식은
잘 안 맞는 것 같습니다.

사직서

그때마다 고민했습니다.
왜 누구는 주식을 잘하고, 누구에게는 어려운 것일까?
주식을 잘하기 위한 효율적인 방법은 없을까?

이러한 저의 경험과 생각들을 정리해봤습니다.
주식투자에 어려움을 겪는 분들에게
조금이나마 도움이 되고 싶은 바람으로….

자, 그럼 출발해볼까요?

1. 성공한 투자자에게 직접 듣는 주식 이야기

툰개미가 회사를 그만두고 전업투자에 도전할 때 생각했다.
'전업투자로 성공한 사람들은 어떻게 주식을 했을까?'
'그들의 성공 비결은 과연 무엇일까?'

그래서 한동안 주식투자로 성공한 사람들을 찾아다녔다.
나는 그들의 성공 비결이 궁금했고
그들도 나에게 궁금한 것이 있었다.

좋은 회사 뭐 하러 그만뒀어요?
저도 제 돈 벌어야죠.
주식투자 어떻게
성공하셨어요?

다행히 '성투(성공적인 투자)'한 사람들을 제법 많이 만났다.
그들은 다양한 경력을 가지고 있었다.
무언가 배울 점이 있는 사람도, 그렇지 않은 사람도 있었다.

주식? 한 방이지.
인생 뭐 있나?
Put your Hands up!
꾸준히 노력한 결과
아닐까요?
주식공부

여전히 주식을 잘하는 사람도 있지만
지금은 돈을 많이 까먹은 사람도 있고
주식을 접고 아예 다른 일을 하는 사람도 있다.

올해 수익률도
나쁘진 않네.
나 돈 좀 빌려줄래?
이제 절대로
주식 안 해….

나는 그분들 중에서 10년 이상의 기간 동안,
안정적으로 높은 수익률을 올린 사람들의 주식매매 방법에 대해 알고 싶었다.
그들과 주식시장에 대해 토론하면서 조금씩 그들의 장점을 배울 수 있었다.

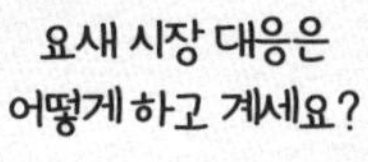
요새 시장 대응은
어떻게 하고 계세요?

시장이 이럴 때
저는 이렇게 매매해요.

물론 주식 바닥에 오랫동안 있다 보면
성공한 사람들보다 어려움을 겪는 사람들을 더 많이 만나게 된다.

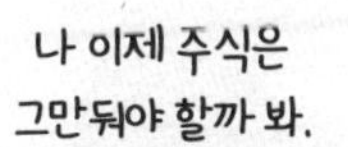
나 이제 주식은
그만둬야 할까 봐.

한때 수익률 좋았는데….
그 돈 다 어디 갔지?

이 책은 툰개미가 주식 바닥에 있으면서 만난
이런저런 사람들의 이야기,
그리고 몸소 깨달은 내용을 정리한 것이다.

주식을 시작하고 싶은데 망설이는 사람,
주식을 시작했다가 손해를 보고 투자를 포기하고 싶은 사람에게
현실적인 도움을 줄 것이다.

장점이든 단점이든 다 지식이고 경험이니
잊기 전에 기록해두자.

2. 주식시장에서 영원한 승자로 남는 법?!

대세 상승장에서 주식으로
돈을 쉽게 번 사람들을 종종 볼 수 있다.
그러나 실제로 긴 시간 동안
성공적인 주식투자를 하는 사람은 많지 않다.

1년 정도의 단기간에 큰돈을 벌었다는 사람들은
자신이 번 돈에 만족하고 주식을 그만할까?

나 올해 엄청 벌었어!
경제적 자유에 가까이 온 것 같은데!
이대로면 나도 파이어족이 되는 건가?
정말 축하해! 이제 주식은 그만할 거니?

툰개미의 경험으로 봤을 때
대부분 더 큰돈을 벌고자 주식을 계속한다.
사람들은 경제적 자유가 목표라고 이야기하지만
목표에 가까워질수록 탐욕도 조금씩 커지기 때문 아닐까?

목표 달성해서
은퇴한다며?
주식 그만한다고
하지 않았어?
무슨 소리, 더 벌어야지!
원하는 건 마음껏 살 수 있어야
경제적 자유지!
탐욕

실제로 툰개미의 지인 중
주식계좌 1년 수익률이 60%가 넘는 친구가 있었다.

나 올해 수익률만 60%니까
앞으로 주식은 나한테 물어봐.

몇 년 후….

주식 오래 하다 보니
번 돈 다 잃어버렸네….
주식은 역시 도박이야.
괜찮니?

내가 이번에 깨달았잖아.
너 주식시장에서 영원한 승자로 남는 방법이 뭔지 알아?
영원한 승자?

그건 말이지. 주식으로 운 좋게 돈 벌고 나면
일단 다 팔고 다시는 주식을 안 하는 거야!

매매할수록 돈을 까먹네….
일단 수익은 났으니 더 이상 주식 하지 말자.
그럼 난 승자다!

그건 그냥 주식투자를
포기하겠다는 말이잖아.
주식시장이 어려울 때
나도 너와 같은 생각을 했던 적이 있어.

많은 주식쟁이를 만나다 보니까
정말로 꾸준히 주식을 잘하는 사람들이 있더라고.
그 사람들의 장점을 배워서 내 것으로 만들면
너도 성공할 수 있어!

만화책이니 끝까지
읽을 수 있겠지?

주식을 시작하기에 앞서 투자를 통해
자신이 달성하려는 목표 금액을 확실히 세워두는 것이 중요하다.
그리고 그 목표에 도달했을 때,
과감히 욕심을 내려놓는 것도 하나의 성공 방법이다.

3. 증권업계 사람들은 주식투자에 성공하고 있을까?

상승장이 어느 정도 지속될 때,
증권업계에 몸담은 사람들 가운데
소위 '전업투자'를 하겠다며
회사를 그만두는 경우를 종종 볼 수 있다.

나는 전문가니까 잘할 수 있을 거야!
A
B
사직서
C

자신이 만들어낸 수익이 고스란히 회사에 돌아가는 것이 아쉬워
개인적으로 자산을 불리려는 것이다.

〈펀드매니저 A씨의 사례〉

잘나가는 자산운용사에서 임원까지 했던 A씨.

만약 내 자산이 지금까지 내 펀드 수익률을 따라왔다면 대박인데….
역시 사표 내고 내 돈 굴리는 게 답이다!

사직서

퇴사 이후….

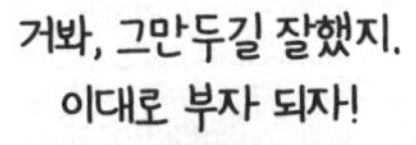
거봐, 그만두길 잘했지.
이대로 부자 되자!

A

→

어라, 이러면 안 되는데….

몇 년 뒤….

그때의 펀드 수익률은 나 혼자 만든 것이 아니었구나!
회사에서 동료들의 도움을 받으며
주식 하던 시절이 그립네….

조직의 힘!
A
A

다시 운용사에 취직하고 싶은데, 어디 자리 없을까?

〈증권사 애널리스트 B씨의 사례〉

애널리스트? 너무 답답해.
아무리 보고서를 잘 써도 단기 주가가 나빠지면 욕이나 먹고….
장기투자 좀 하지.

B 연구원,
지난번 추천한 종목
주가가 많이 빠졌다고
AS 차원에서 다시
방송 출연해달래.
네?
바쁜데….
B

팔아야 할 것 같은 종목 SELL 보고서 쓰는 것도 눈치 보이고….
차라리 회사 나가서 내 돈으로 투자해야겠어!

자주 사고파니
돈을 잃는 거지!
장기투자가
뭔지 보여주마.
B

몇 년 뒤….

전업으로 장기투자 하려면 일단 생활비를 해결해야 하니
당장 현금흐름이 필요하더군.
그래서 상장사 IR 부서에 취직했어.
투자한 것? 좀 더 기다리면 좋은 결과가 있을 거야!

휴…. 왜 내 종목만
계속 횡보할까?
IR 담당

*IR : Investor Relations, 기업의 공시 및 주식시장과 관련된 업무.

다시 몇 년 뒤….

형, 저 다시 증권사 애널리스트로 취직했어요.
다행히 자리가 있더라고요.
아무래도 애널리스트 연봉이 IR 부서보다 좋아요.
장기투자도 쉬운 게 아니던데요.

왜 다시 여의도로
온 거니?
B

〈외국계 증권사 브로커 C씨〉

누구나 알 만한 대형 외국 증권사의 한국 지점 주식 브로커 C씨.

브로커 업무를 오래 하다 보니
외국인, 기관 수급의 움직임이 보이는 것 같아.
환상적인 단타 매매를 보여주마!

투자 주체별 수급
클릭 클릭
C

*주식 브로커 : 운용사의 펀드매니저, 외국인, 국내 개인투자자의 거래 주문을 받아 체결시키는 직업.

몇 년 뒤….

난 주식과 성격 자체가 안 맞는 것 같아.
어디든지 들어갈 곳만 있다면 다시 취직하려고 알아보고 있어.

단타도 계속 잘하기가 어렵네.
그냥 회사 다닐걸….

이 사례들은 모두 툰개미 주변에서 실제로 일어났던 일이다.

즉, 펀드매니저나 애널리스트라 할지라도
직장을 그만두고 전업투자를 하다가 실패하는 경우가 많다.
증권업계라는 조직 안에서 일정 기간 높은 성과를 올렸던 사람들도
자신의 돈으로 긴 시간 투자하다 보면 실패하는 모습을 흔히 볼 수 있다.

그 이유는 무엇일까?

이와 반대로 드물게 (일반적인 주식 초보들보다는 높은 확률로)
긴 시간 동안 우수한 수익률을 올리는 사람들도 존재한다.
그렇다면 그들의 비결은 무엇일까?

4. 주식 초보가 오해하기 쉬운 2가지

본격적인 이야기를 시작하기에 앞서
주식 초보들이 흔히 빠지는 잘못된 생각을 짚고 넘어가자.

첫째, 주식투자에 성공하는 정답이 있다?

금방 돈 벌고 싶어? 주식 잘하고 싶어?
무조건 나만 따라 하면 돼!
급등주 발굴 비법 대공개!

족집게
급등주 발굴

새로운 투자 기법으로 엄청난 수익률을 올릴 수 있어요.
원금도 보장해줄 테니 우리한테 돈을 맡기시죠!

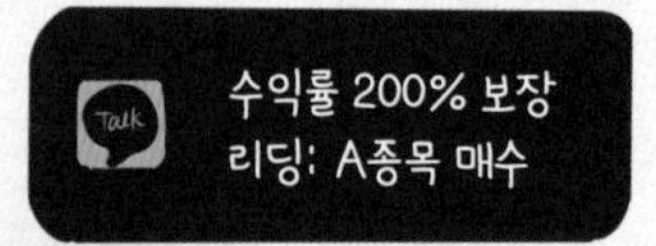
수익률 200% 보장
리딩: A종목 매수

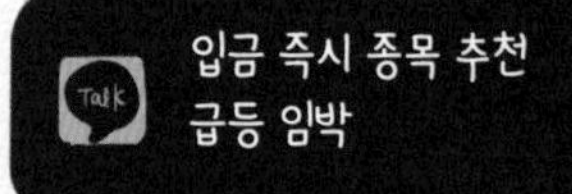
입금 즉시 종목 추천
급등 임박

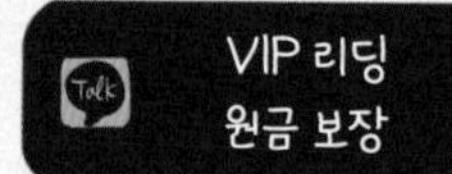
VIP 리딩
원금 보장

물론 이런 분들이 단기적으로 높은 수익을 올릴 수도 있다.

가즈아!
감사합니다!
주식의 신이야!

그러나 대개 시간이 흐르고 나면
수익을 남긴 개미들이 많지 않음을 깨닫게 된다.

내 돈도 채팅방도
공중분해 됐네….

계속 높은 수익을 올릴 자신이 있다면,
뭐 하러 너희에게 돈 받으면서 정보를 알려주겠냐?
그냥 조용히 내 돈 벌고 말지….
한몫 챙겼으니
당분간 잠수 디자.

왜 우리는 주식에 정답이 존재한다고 생각할까?
학창 시절을 보내며 시험의 정답을 찾는 데 익숙해졌기 때문일까?
심지어 유명한 교수들의 투자론 저서에서도
주식으로 지속적인 수익을 창출하는 것이
너무나 어렵다고 꾸준히 언급된다.

이 사실을 뒷받침하는,
증권맨이라면 한번쯤 들어봤을 실험 이야기.
펀드매니저와 원숭이의 주식 수익률 대결.

VS

다우지수에 편입된 종목 중
펀드매니저가 신중하게 고른 종목과
원숭이가 우연히 고른 종목의 수익률을 비교했더니,
차이가 거의 없었고, 원숭이가 소폭 이겼다는 일화다.

나보다 잘하네?
!
아무거나!

둘의 수익률 차이가 거의 없다는 말은
예측이 꾸준히 맞아떨어지는 것,
주식시장에서 항상 이긴다는 것이
굉장히 어렵다는 사실을 의미한다.

그렇다고 공부를
포기할 순 없잖아….

주식에 정답은 없다.
'방향성'만이 존재할 뿐이다.
그리고 다른 사람의 방향성이
나에게 적합할 것이라는 보장도 없다.

100배 주식
이 방향일 걸?!
정답없음
주식의 왕도

방향성이 무엇인지 예를 들어 살펴보자.
어느 야구 코치가 선수들에게 타격을 가르친다.

손은 이렇게, 허리 회전은 이렇게 하면
과거의 나처럼 높은 타율의 타자가 될 수 있어.
코치

코치님, 잘 치려면
어떻게 해야 하죠?
B
A

타자 A는 코치의 가르침을 훌륭하다 말했다.

코치님이 알려주신 대로 노력했더니
정말로 타율이 올랐어요!

그러나 타자 B는 생각이 달랐다.

글쎄요…. 저와 코치님은 체격이 달라서 그런지,
저한테는 잘 안 맞는 것 같습니다.

타격을 잘하기 위해 어느 정도의 매뉴얼은 존재할 것이다.
그것이 방향성이다.
하지만 이 역시 각각의 체형, 힘, 성격에 맞게 조정이 필요하다.

항상 안타 칠 수 있는 방법을
알려달라고요!

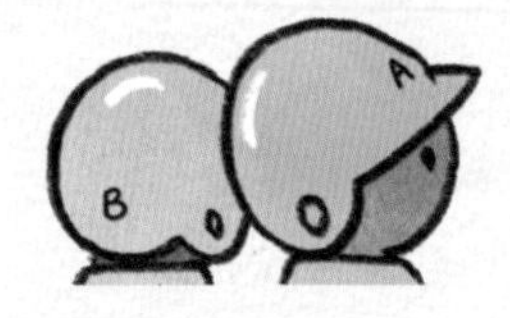

내 방법을 너한테 알려준다고 해서
과연 네가 매번 안타를 칠 수 있을까?

툰개미는 야구광이 아니지만
'확률'이라는 개념이 적용된다는 점에서 야구를 예로 들었다.
(주식투자를 설명하기에 적합하다고 판단했다.)

세상은 시험지 속의 수학 문제가 아니다.
야구도 그렇고, 주식투자도 그렇다.
언제나 확률의 문제다.
야구도, 주식도
성공할 확률을 높이는 데 집중하는 게임이다.

확실한 정답, 풀이 과정이 있는 것이 아니다.
단지 성공 확률을 높이는 자신만의 '방향성'이 존재할 뿐이다.

둘째, 정보를 많이 알수록 주식을 잘한다?

최근 유튜브에서 하는 주식 강의 들어봤어?
정말 다양한 얘기를 해주더라.
근데 솔직히 절반 정도만 이해했어.
?

그 강사는 주식으로 돈 많이 벌었겠지?
아는 것이 많고, 정보도 많을 거야….
난 언제쯤 그런 고수가 될 수 있을까?
네 수익률?
비밀이지….

그러게 말이야.
서점에 갔더니 주식 관련 책이 정말 많더라.
차트 분석? 재무제표? 회계?
뭐부터 봐야 할지 모르겠어.
책도 너무 두꺼워서 읽을 엄두가 안 나.
우리는 지식도 정보도 부족하니까
주식 하면 안 되겠지?

여러분이 알고 있는 전문가들은 언제나 수익률이 좋을까요?
모든 정보를 다 알아야만 주식을 잘할 수 있을까요?
앗 툰개미다!
아는 분이셔?

모든 것을 다 알 필요는 없어요.
특히 자신의 주식 스타일을 안다면
공부해야 하는 양을 확 줄일 수 있을 거예요!

정말요?

최근에 주식 방송, 유튜브 등에서 주식 관련 정보가 넘쳐나고 있다.
주식 초보들은 불안해진다.
'과연 얼마나 알아야 주식을 잘할 수 있을까?'

그러나 주식에 정답이 없듯 모든 정보를 다 알 필요는 없다.
물론 일정 부분 정확히, 깊게 아는 것이 필요하지만.

어떤 정보가 필요한지 알기 위해서
자신의 '주식 스타일'을 먼저 알아야 한다.

이 책을 통해 자신의 '주식 스타일'을 발견하고,
막연하기만 했던 주식 공부를 어떻게 해 나가야 할지,
효율적인 방향성을 얻어갈 수 있을 것이다.

PART 1.

초보 개미, 주식투자 필패의 이유

A

1. 주식시장은 제로섬 게임일까?

주식 스타일을 분석하기에 앞서 질문 하나를 던져보겠다.

내가 돈을 번 만큼 누군가가 돈을 잃은 것일까?
그동안 주식으로 날린 내 돈은
다른 누군가의 주머니로 들어갔던 것일까?
이 질문에 답하기 위해
툰개미가 펀드매니저였을 때의 경험을 소개하려 한다.

앞서 언급했듯,
툰개미는 과거 운용사에 다니던 시절
때때로 신입 펀드매니저 교육을 시키곤 했다.

뭘 가르치지? 요새 신입들은
다들 많이 공부하고 오던데….

교육 때마다 신입 직원들에게 반드시 과제로 줬던 주제가 있다.
바로 '주식과 경마의 차이점 분석'이었다.

다음 시간에는
주식과 경마의 차이점에 대해서
각자 정리해 발표해봅시다.
갑자기
웬 경마?
오잉?

각자 나름대로 발표를 했지만
의도를 알아채고 보고서를 작성한 직원은 거의 없었다.

주식투자는 회사에, 경마는 말에….
주식은 분석을 통해, 경마는 운에….

경마도 분석 많이 해요.
과거 기록과
오늘 말의 컨디션까지….

앞으로 일하게 될 직장이
경마와 같이 분석보다 운이 더 큰 영향을 미치고
사행성이 짙은 부류와는 다르다는 것을 알게 해주고 싶었다.
툰개미 또한 과거에 이런 말을 자주 들었기 때문이다.

주식은 도박이여, 도박!
친구가 주식을 한다면 말려야 해.
CASINO

경마는 제로섬(Zero Sum) 게임이지만 주식은 다르다.
장기적으로 보면 주식투자는 플러스섬(Plus Sum) 게임이다.

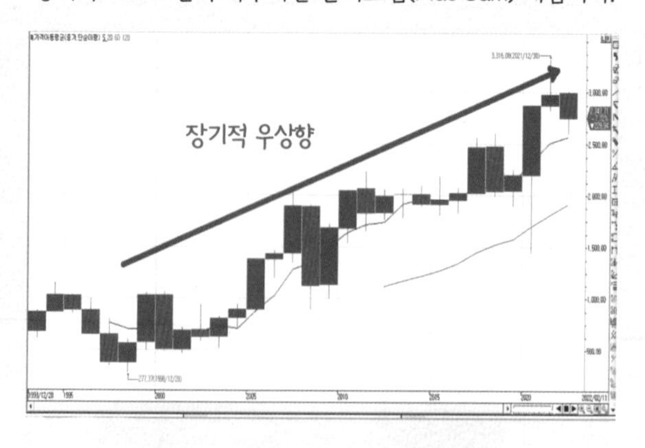
장기적 우상향

*1990년 이후 코스피(KOSPI) 주가지수 연간 차트

즉, 참여 인원 중 누군가가 돈을 번다면
그만큼 누군가가 손해를 봐야 하는 것이 아니라,
(장기적으로는) 참여자 모두가 돈을 벌 수 있는 시장이다.
*선물 등 파생상품은 다른 이야기다.

자, 다 같이 장기적인 인류의 발전과
(적당한) 인플레이션을 믿어보자고!
그래, 도박이 아닌 투자니까!

*선물 : 장래의 일정한 시기에 현품을 넘겨준다는 조건으로 매매 계약을 하는 거래 종목.

산업혁명 이후 전 세계의 경제는 꾸준히 성장해왔다.
물론 위기도 있었지만, 매 시기 혜성처럼 등장한
'혁신기업'들이 세계 경제의 성장을 이끌어왔다.
혁신기업의 기업가치가 커지면 시가총액이 커지고,
이것이 장기적으로 주가지수를 상승시키는 원리다.

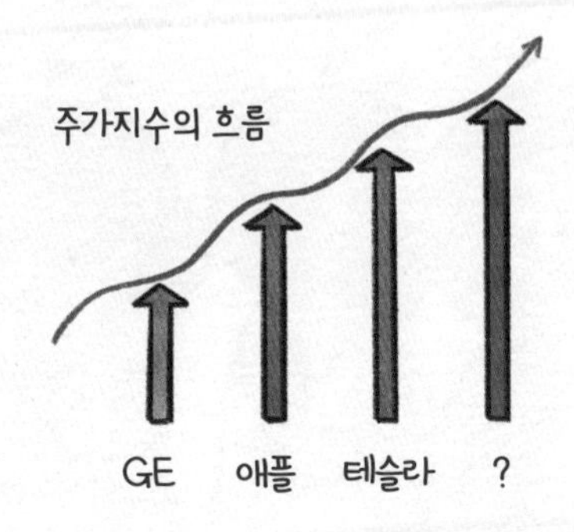
주가지수의 흐름
GE
애플
테슬라
?

2. 개인투자자가 실패하는 5가지 이유

주식시장은 장기적으로 우상향한다는데,
그런데도 실패하는 사람이 많은 이유는 무엇일까?

A. 주식시장 대세 상승의 정점 부근에서 주식을 시작하기 때문이다

〈주식 초보 A씨 이야기〉

그 얘기 들었어? 우리 동창 아무개가 이번에 주식으로 재미 좀 봤대. 차 바꾼다던데?
뭘 그 정도 가지고…. 나 이번에 새 아파트 분양 당첨됐어.
A

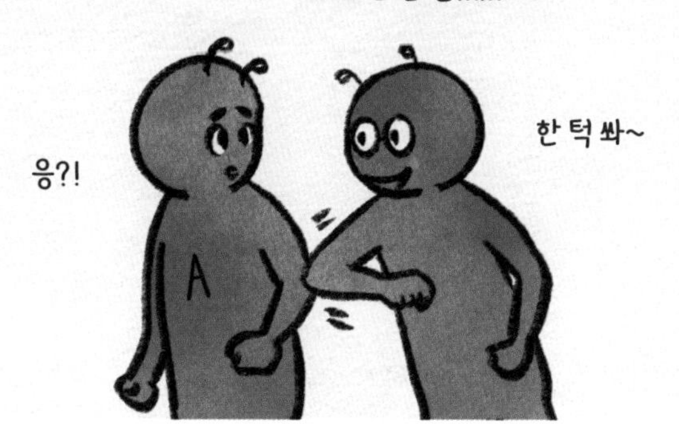
그런데 A야.
너도 몇 달 전부터 주식시장
좋을 거라고 그랬잖아?
너도 돈 좀 벌었겠다?
한 턱 쏴~
응?!

아, 내가 그랬지?
조금 재미 본 거지, 뭐….
요새 돈 들어갈 곳이 많아서 조금 했어, 조금.
이런, 지난번에 주식 좋아 보일 때 왕창 살걸….
솔직히 주식 경험이 별로 없어서 무서워서
못 샀는데 후회막심이구나!

그래, 결심했어!
어차피 주식시장은 장기적으로 우상향하는 거야.
많이 오르긴 했지만, 더 늦기 전에 주식을 사야지!
나만 뒤처질 수 없다고!

그러나 A씨가 이렇게 마음먹은 때는
(주식을 본격적으로 시작한 때는)
2017년 10월의 어느 날이었다.

2017년
10월

호재 만발, 친구들이 주식으로 돈 벌었다고 자랑한다.
그 이야기를 듣고 너도나도 주식을 시작한다.
결국 상당수의 주식 초보는 주가지수의 고점 부근에서
주식을 시작하게 된다.
따라서 중·장기적으로 하락 구간을 경험하게 될 확률이 커지는 것이다.

다들 주식으로 돈 벌었대.
나도 시작해야지!
이후 2년간
주가지수 하락

*2017년 이후 코스피 주가지수 월간 차트

덧붙여서 첫 투자에 성공하더라도
그 투자는 비교적 (자신이 투자할 수 있는 자금 규모 대비)
소액으로 시작하는 경우가 대부분이다.
그러다가 차츰 자신감이 붙어서 큰 금액을 투자하고,
투자 규모를 더 늘리는 상황에서 하락장을 맞는 것이다.

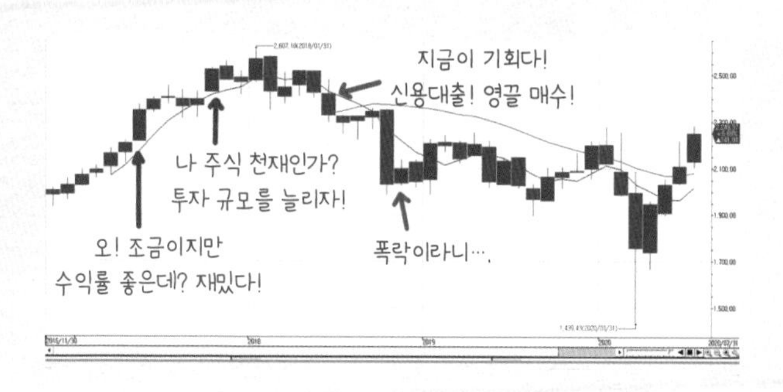
지금이 기회다!
신용대출! 영끌 매수!
나 주식 천재인가?
투자 규모를 늘리자!
오! 조금이지만
수익률 좋은데? 재밌다!
폭락이라니….

우리나라 주식시장은 변동성이 크다.
앞서 주식시장이 장기적으로 우상향한다고 했지만,
기간을 세분화하면 상당 기간 하락하는 구간이 존재하고,
하락이 나타나는 경우 또한 빈번하다.

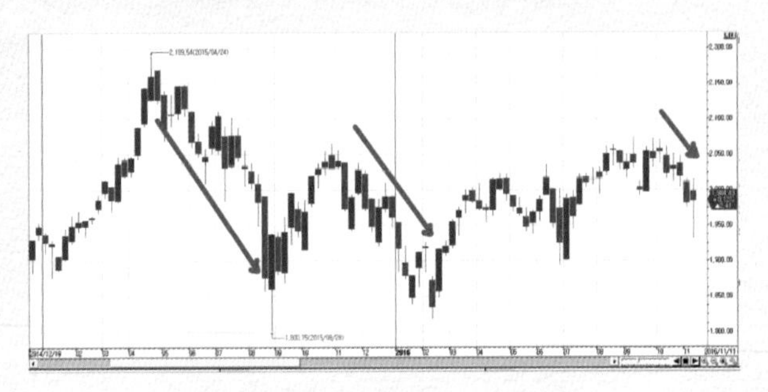

*2017년 이후 코스피 주가지수 주간 차트

예를 들어, 2007년 말부터 2008년 말까지
금융위기로 인한 하락 구간이 있었고,
코스피지수는 2,080p에서 892p까지 급락했다.
이러한 중·장기 하락장은 언제든지 다시 찾아올 수 있다.

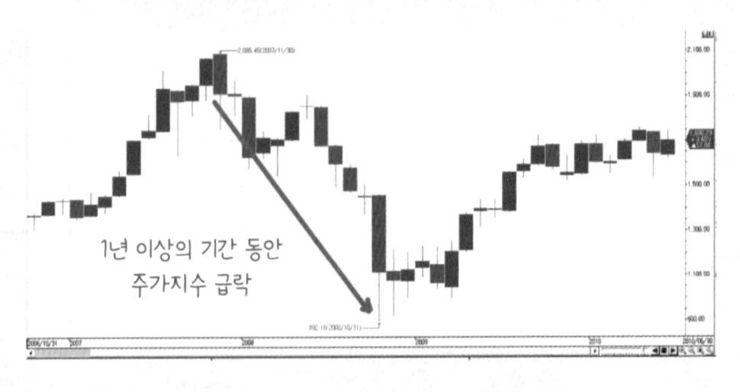
1년 이상의 기간 동안
주가지수 급락

*2007년 이후 코스피 주가지수 월간 차트

B. 주식시장은 상당히 긴 시간 동안 횡보하기도 한다

급격한 하락이 아니더라도,
일정한 폭 안에서 지수의 상승과 하락이 반복되는 구간,
이른바 '박스권'이 상당 기간 지속되기도 한다.
주식 초보는 이 횡보 구간에서 돈을 잃는 경우가 많다.

또 웬만한 개인투자자는 이 시기에 크게 잃지 않더라도,
만족스러운 수익률 또한 거두기 어렵다.
결국 조바심이 나서 다른 투자처를 생각하게 된다.

〈주식시장 과열 구간이 아닐 때 주식을 시작한 B씨의 이야기〉

주가지수도 크게 출렁이고 난 이후니까
슬슬 주식을 시작해도 되지 않을까?
주변에서 들려오던 이야기도 좀 잠잠해지고….
지금이 주식을 시작할 시기야!

2012년
3월
BUY
BUY
공격! 지금이 치고
나갈 타이밍!
B

몇 년 후….

B야, 너 주식 시작한 지 몇 년 됐지?
재미 좀 봤니?
우리는 주식 같은 건 어려워서 엄두가 안 나….

B

주식? 휴… 그냥 그래.
내가 사면 빠지고, 팔면 오르고… 미치겠어.
수익이 조금 났는데, 차라리 그 돈으로 부동산에 투자할 걸 그랬어.

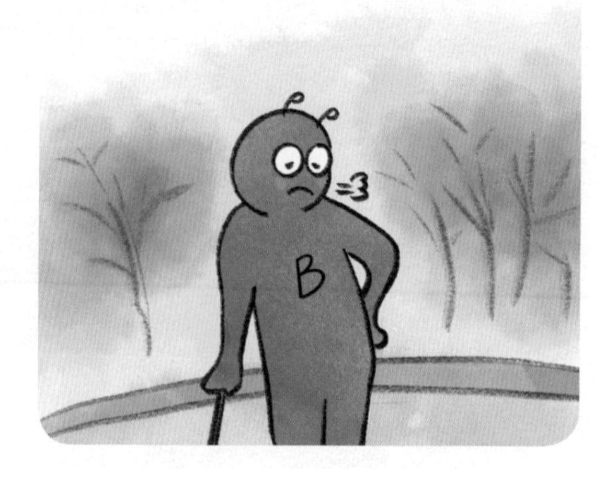

B

B씨가 주식투자를 시작한 시기는 2012년이었다.

2012년
3월
지금이 주식을
시작할 적기다!
BUY
BUY
B

차트에서 보는 것처럼 2012년부터 2016년까지
코스피는 소위 '박스피(박스에 갇혀 있는 코스피)라 불리며
횡보하는 모습을 보였다.
대세 상승장의 상투에서 주식을 시작하지 않았다 하더라도,
횡보가 길어지면 이렇다 할 수익을 내기 어렵다.

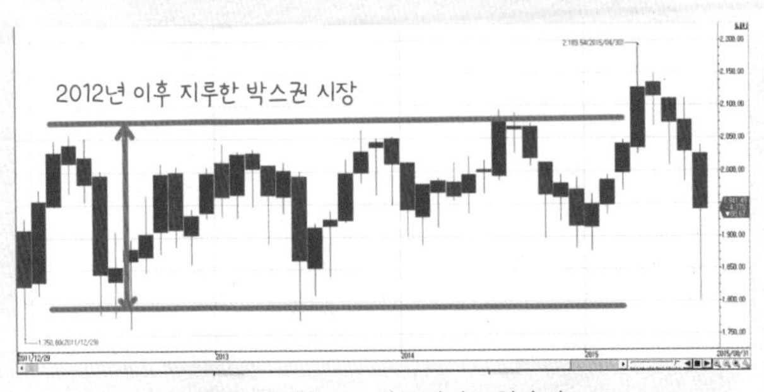
2012년 이후 지루한 박스권 시장

*2012년 이후 코스피 주가지수 월간 차트

횡보 시기에 초보 개미들이 겪는 전형적인 상황이 있다.
바로 조금 오르는 것 같아 매수하면 빠지고,
빠질 때 무서워서 손절하면 어느새 다시 오르는 상황의 반복이다.

홀인가?
짝이지?
짝이야~
홀인데ㅋ

*손절 : 더 큰 주가 하락을 예상하며 손해를 감수하고 파는 일.

야 4885, 너지?

요새 주식시장에 유행이라던데….

네? 4885가 뭔데요?

4885

사면 빠지고 팔면 오른다

박스권 횡보 시장에서는 '4885 매매'를 하게 될 확률이 높고
이를 반복하다 보면 어느 순간 계좌가 녹아내린다.

개미들은 이 시기에 마음고생만 하다가 결국 실패한다.

난 장기투자할 거니까
괜찮아….
과연
그럴까?

장기투자는 괜찮다고?
그것이 쉽지 않은 이유를 추후 언급하겠다.

C. 보유한 종목을 왜 샀는지 잘 모른다

종목을 산 이유를 잘 알아야 잘 팔 수도 있다.
초보 개미의 경우 종종 주식에 입문하면서
주변 사람들이나 매체의 추천만 믿고
왜 사는지 이유도 모른 채 매매를 시작한다.

〈친구의 추천으로 주식을 사서 수익이 난 C씨의 이야기〉

구내식당
너 지난번에 주식 샀다며?
어떻게 됐어?
아, 그거?
25% 수익 났어!
C

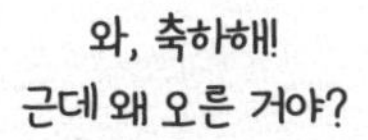
와, 축하해!
근데 왜 오른 거야?

글쎄 뭐 하는 회사더라?
무슨 IT 부품이라 했는데….
아는 사람이 추천해줬어.
그 사람 주식 잘한대.

며칠 후….

헉! 왜 이리 주가가 빠지지?
전화해서 물어봐야겠다.
아, 전화를 안 받네…. 어떡하지?
무슨 악재가 있나?
팔아야 하나?

결국 C씨가 보유한 주식의 수익률은 마이너스가 됐다.

회사에 큰 문제가 있는 것은 아니지?
장기투자하면 언젠가 다시 오를 수 있는 거지?

내가 팔라는 얘기
안 했던가?

그치? 별일 없는 거지?
그렇다고 말해줘….

어떤 종목을 사는 이유와 목적이 명확하다면,
그 목적이 달성되었을 때 차익을 실현하면 된다.
반대로 그 이유가 틀렸다는 것이 밝혀지면, 손절하면 된다.

손절!
뎅강

그러나 초보 개미들은 대부분
주변에서 추천하는 말만 듣고 종목을 매수한다.
'어느 시점에, 얼마에 팔 것인가'에 대한 고민과 계획이 없는 것이다.

손님 어디까지 가세요?
그냥 적당히
계속 가주세요!
TAXI
네?

D. 미래에 닥칠 금전이 필요한 상황을 계산하기 어렵다

앞서 주식시장은 장기적으로 우상향하는
플러스섬 시장이라고 이야기했다.
그러면 자연스레 이런 생각이 든다.
'무조건 장기투자 하면 돈을 벌 수 있는 것 아니야?'

그러나 장기투자, 그것이 말처럼 쉬울까?
앞에서 다루었던 2017년 10월에 주식을 시작한
주식 초보 A씨의 이야기를 더 들어보자.

주식은 장기투자 하는 거야.
2017년
10월
A

하긴 주식시장이 많이 올랐으니 조정 받을 수도 있겠지.
내가 이럴 것 같아서 단번에 다 사지 않고 현금을 남겨뒀지.
역시 주식 관련 책을 본 것이 도움이 되는군.

주식시장 폭락
여유자금

이게 책에서 보던 '물타기' 인가?
평균 매입가가 낮아지긴 하는데….
주가가 도무지 오르질 않네.
열심히 타긴 하는데
좀 이상한걸….
물타기
아냐, 걱정하지 말자. 난 장기투자자니까!
주가 빠질 때마다 돈 모아서 사야지!

*물타기 : 주가가 떨어질 때마다 주식을 추가로 매수하여 평균 매입 단가를 낮추는 전략.

어느 날….

네? 이번 계약 만기 때
보증금을 올려달라고요?
헉,
큰일 났네.
A
지금 여윳돈이 모두 주식에 들어가 있잖아.
직장 때문에 다른 곳으로 이사할 수도 없는데….

A씨는 어쩔 수 없이 주식을 손절하고 보증금을 올려줬다.
그 덕에 다행히 2020년 1분기 코로나 패닉을 피할 수 있었지만….

눈물을 머금고
손절하자.

장기투자가 생각대로 되는 게 아니구나.
갑자기 돈이 필요할지 누가 알았나….

주식은 '잃어도 되는 정도의 여윳돈'으로 하라는
말을 많이 들어봤을 것이다.
그러나 이러한 원칙을 지키지 않는 개미들을 주변에서 흔히 볼 수 있다.

첫 투자에 성공하면 그 성공에 취해서
신용대출까지 받으면서 투자 금액을 늘리는 사람도 많다.
반대로 처음 투자에 실패하면 손실을 만회하기 위해
소위 '물타기'를 하거나, 투자 규모를 늘리는 경우도 허다하다.

에잇, 더 사자!
난 장기투자할 거니까 괜찮아!
영끌

'장기투자를 하면 시장의 변동성을 이겨낼 수 있다'는 말은
일리가 있다. 그러나 초보 투자자,
특히 자신의 자금 상황에 대한 자각이 부족한 사람은
장기투자가 어려운 경우도 많다.

YOLO 몰라? 이번에 대출받아 차 샀어. 돈이야 또 벌겠지 뭐.

또 20~30대는 자신이 가진 현금흐름은
부족한 반면 입학, 독립, 결혼 등
계획하지 못한 지출이 발생할 수 있는 시기다.
이런 상황에서 장기투자가 쉬울까?
혹시라도 수익이 났으면 다행이지만,
소위 물려 있는 경우에는 부득이 손절해야 한다.

오빠, 나 임신했어.

E. 첫 실패 이후 주식투자를 포기한다

개미가 주식투자에 실패하는 마지막 이유다.
앞에서 언급했던 A씨 또는 B씨의 경우를 다시 생각해보자.

내가 장기투자도 해봤는데
도저히 힘들어서 못 하겠어.
마음고생만 엄청 하고…. 이젠 못 참아!
주가
일주일
한 달
석 달

'박스피'라는 말이 괜히 생긴 게 아니더만.
내가 다시는 주식 하나 보자.
부동산을 했어야 했는데….
집값 급등
사면 빠지고
팔면 오르고….
멘붕이구나.
B
BOXPI

주식으로 한번 실패하고 나면
보통 다시는 안 하겠다고 다짐한다.
무엇이 문제였는지 모르는 채 포기하는 것이다.

주식은 나랑 안 맞아.
주식은 역시 도박이야….
주식 HTS
앱을 삭제
하시겠습니까?
예

다시 기회가 와도 무시한다.

이 친구가
아직 잘 모르는군!
내가 해봐서 알아.
주식은 절대 하지 마!
코로나19 때문에
주가가 많이 빠진 지금이
주식투자 시작할
타이밍이 아닐까?
미쳤어?
A
B

그러다가 몇 년 후 다시 상승장이 오고,
주변에서 주식으로 돈을 벌었다는 이야기가 들리면
그제야 (준비 없이) 다시 시작한다.
악순환인 것이다.

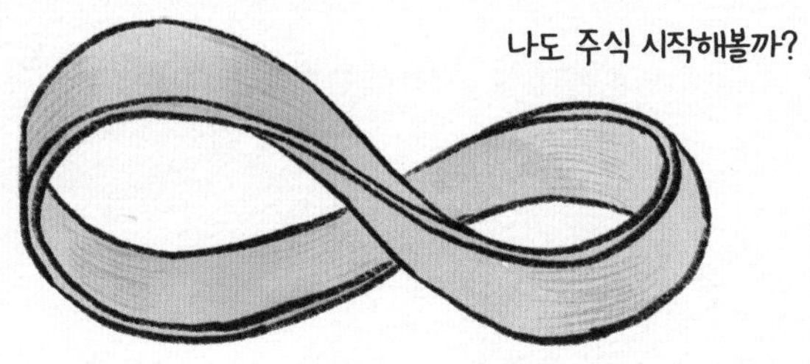
그 친구 주식으로 돈 벌었대!
나도 주식 시작해볼까?
다시는 주식 안 해….

대부분 초보 시절 이런 경험을 한다.
전문가들도 이런 경험을 했을 것이다.

뭐야, 이거 완전 내 얘기잖아?
주린이는 어쩔 수 없는 건가….

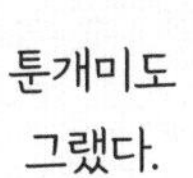
툰개미도
그랬다.

괜찮다. 누구나 그러한 과정을 겪는다.
포기하지 않고 꾸준히 시장에 참여한 사람만이
주식 고수가 될 수 있다.
한 걸음 더 나아가기 위해 알아야 할 것은 무엇일까?

고수가 되는 길?
일단 믿고 따라와!

지금까지의 내용을 정리하고 다음 단계로 넘어가자.

초보 개미가 주식투자에 실패하는 5가지 이유?

1. 주식시장 대세 상승의 정점에서 (늦게서야) 주식을 시작하기 때문이다.

2. 주식시장은 횡보하는 경우도 많은데, 초보 개미는 이 기간을 버티지 못한다.

3. 보유한 종목을 산 이유를 정확히 모른다.

4. 자신의 미래 재무 상태를 잘 모른다.

5. 첫 실패 이후 주식투자를 포기해버린다.

PART 2.

주식 스타일이란 무엇인가?

프롤로그에서 자신의 '주식 스타일'을 알면
주식매매를 하는 데 필요한 공부량을 줄이고
효율적인 접근이 가능하다고 언급했다.

그럼, 주식 스타일이란 무엇일까?

What is your style?

1. 주식 스타일, 처음 듣는 말이라고?

주식 스타일에 관하여 정해진 이론이 있는 것은 아니다.
그러나 이 책에서는 주식을 보유하는 기간을 기준으로
'단기, 중기, 장기'로 나누어 설명하고자 한다.

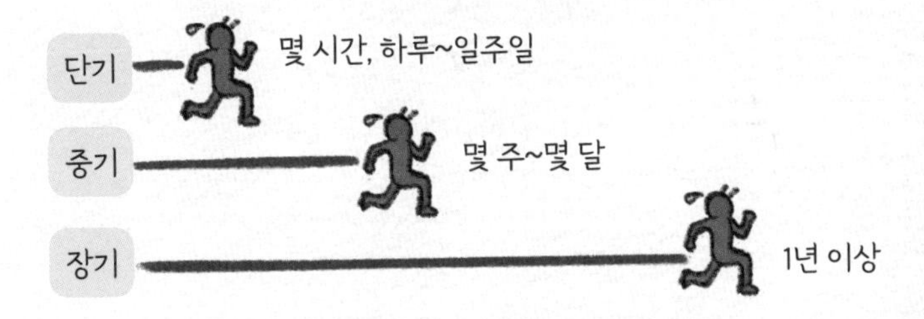
단기
몇 시간, 하루~일주일
중기
몇 주~몇 달
장기
1년 이상

단기와 장기투자는 스타일이 명확하지만,
중기투자는 '그 사이 어디쯤' 존재하는 개념으로 생각하면 편하다.

각각의 스타일을 지키며
주식시장에서 오랫동안 높은 수익률을 올리고 있는
성공한 사람들의 예를 소개한다.

A. 단기투자자 (트레이더, Trader)

혹시 하루살이?
안녕하세요?
제 이름은 하루입니다.

몇 시간, 하루 또는 일주일 동안
주가의 변동성을 이용해 차익을 얻는다.
이들을 흔히 '단기투자자' 또는 '트레이더(Trader)'라고 부른다.

트레이더 하루 씨는 증권사 지점에서 매매 경험을 쌓고,
자신의 매매 방법에 대해 확신을 얻은 뒤 퇴사하여 전업투자자로 성공했다.

또 하루 씨는 얼마 전 가족들과 제주도로 이주했다.
자녀들을 제주국제학교에 보내고 자신은 전업투자 중이다.

좋구먼, 제주도는….

Q. 요새 어떻게 지내세요?

장중에는 매매하고
장 끝나면 차트 보면서 정리하는 시간을 갖지요.
그 이후에는 낚시하러 다녀요.

Q. 단기투자는 어떻게 하면 잘할 수 있나요?

하하, 글쎄요. 나 같이 단타에 집중하는 트레이더들은
대부분 차트를 보고 매매하지요.
매수와 동시에 매도가를 정하고 목표 가격에 매도주문을 넣어요.

5,000원에 매수하고
곧바로 5,300원에 매도주문을 넣어놓자.
6% 단타 수익 도전!

중요한 것은 손절가도 정해놓고
그 밑으로 주가가 하락하면 반드시 손절한다는 것이죠.

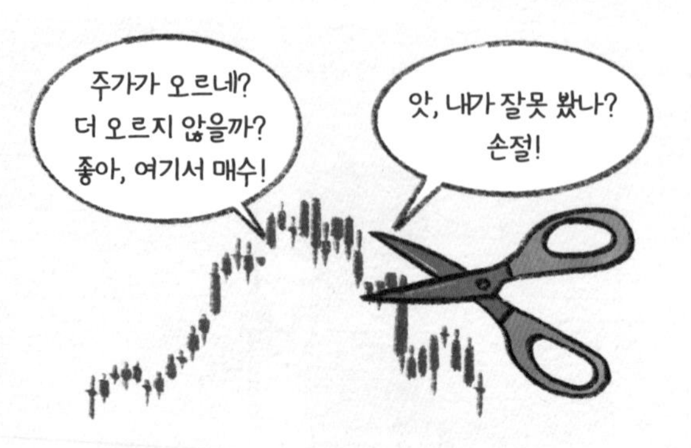
주가가 오르네?
더 오르지 않을까?
좋아, 여기서 매수!
앗, 내가 잘못 봤나?
손절!

이동평균선, 캔들 차트, 거래량….
각종 기술적 지표를 중점적으로 보면서 매매합니다.

Q. 평범한 것 말고 도움이 될 만한 이야기는 없을까요?

하하, 곤란한데….
그냥 저는 장대양봉 하나를 먹기 위해 매매해요.
뭐 하는 회사인지는 내가 알 수도 없고, 알 필요도 없죠.

장대양봉 하나만 낚자.

*장대양봉 : 캔들 차트에서 일정 기간 동안 높게 상승하는 모습을 나타낸 막대기.

주식시장이 끝나면 여러 종목의 차트를 보면서
내일 매매할 종목을 고릅니다.
저의 경험과 분석을 토대로
'장대양봉'이 나올 것 같은 차트를 찾는 거죠.

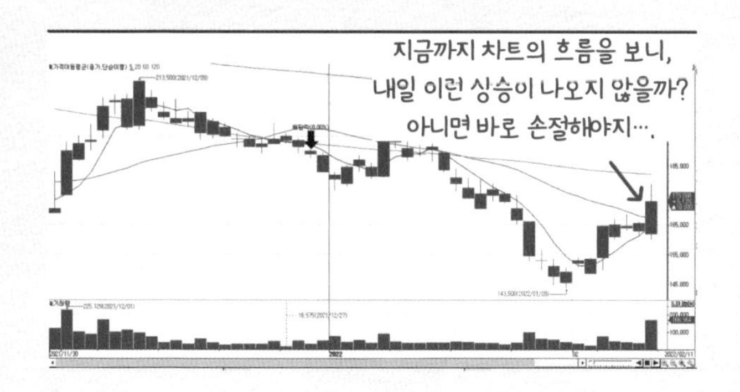
지금까지 차트의 흐름을 보니,
내일 이런 상승이 나오지 않을까?
아니면 바로 손절해야지….

저도 처음에는 멋모르고 매매하다가 돈 다 날리고
신용불량자 되기 직전까지 갔었죠.
그러다가 오기가 생기더군요.
주식 잘한다는 사람들을 찾아가서 배우고,
수많은 책을 보면서 스스로 연구했죠.

맛의 비결이 뭔가요?
그건 비밀이죠.
제가 얼마나
고생해서 알아낸 건데….

Q. 하루 씨 스타일의 장단점은 뭐가 있을까요?

장점은 매매할 회사에 대해 깊게 알 필요가 없다는 것?
그리고 손절가에 확실하게 손절하기 때문에
크게 손실 날 염려도 없다는 것이겠죠.

?
회사 정보?
큰 손실?
그게 뭐지?

단점은 어쩌다 매매할 만한 차트가 안 보일 때가 있어요.
단타 매매하는 사람들은 각자 자신 있는 차트 모양이 있는데,
그게 안 보이면 남들 돈 벌 때 나는 손가락 빠는 거죠.

배고프다….

모든 트레이더가 저처럼 매매하지는 않을 거예요.
수많은 단기투자자가 있고 각자 다양한 방법으로 매매하겠죠.
물론 그 중에 오랫동안 잘하는 사람은 많지 않지만요.

그럼 전 이만
낚시하러 갑니다.

대학교에서 투자론을 배우거나,
운용사에 취직해서 주식투자를 배우다 보면
단기투자를 조금 가볍게 생각하게 된다.

단타? 그건 초보 개미나 하는 거야.
결국 장기투자만이 승리해요.

이는 아마도 단기투자에 대한
이론적 기반이 부족하다는 선입견 때문일 것이다.

배당성장모형, 미래 현금흐름의 현가화 등
장기투자는 이론적 근거가 확실하다고!

응? 난 그런 거
잘 모르지만 당신보다
수익률이 좋은데요?

툰개미도 그렇게 생각했다.
그러나 툰개미가 만난 주식 부자 중에서
의외로 많은 사람이 단기투자로 성공했다.

주식? 이론보다는
실전이 중요하지!
<단타 고수들>

B. 중기투자자(투기자, Speculator)

몇 주, 몇 달 단위로 주식을 매매한다.
경제지표의 움직임, 회사의 중요한 이벤트 등
중기적인 추세를 이용한 차익을 추구한다.

Speculator
안녕하세요?
제 이름은 벌부입니다.
저는 모 운용사의 부사장이자
현직 펀드매니저예요.

영어로는 '스펙큘레이터(Speculator)'라고 하며
번역하자면 '투기자' 정도로 부를 수 있다.

'투기'라는 말이 좀 부정적인 뉘앙스긴 해도,
부동산, 주식, 미술품 등 모든 거래 가능한 상품시장에서
(중기적인) 가격 상승을 노리고 매매하는 행위는 모두 '투기'라고 부를 수 있다.

주식
미술품
집
채권
APT 분양권

여기서 잠깐!

〈헤지(Hedge) 전략에 대해서〉

일반적으로 금융권에서 헤지는 '위험을 줄인다'는 의미이고
투기(Speculate)라는 말은 이 헤지의 상대 개념으로 쓰인다.

IMF에 대한 기억이 있는 사람이나 공매도를 싫어하는 사람이라면
헤지펀드에 대해서도 대체적으로 부정적이다.

너희 때문에 금융이
흔들리는 거야!
나쁜 놈들!
헤지펀드

*공매도 : 주가 하락이 예상될 때 미리 주식을 빌려서 팔고,
주가가 하락하면 다시 사서 주식으로 갚는 매매. 주가가 하락한 만큼 이익.

전 세계에는 수없이 다양한 헤지펀드가 존재하고,
그들이 돈을 벌기 위해 사용하는 투자전략은 보다 더 다양하다.

헤지
Risk
위험

헤지펀드는 투자에 있어 위험 요소를 제거하는 전략을 종종 쓰는데,
이 전략을 단순화시켜 표현한 것을 헤지, 즉 '위험 대비'라고 할 수 있다.

예를 들어, 어떤 헤지펀드가
삼성전자 스마트폰 사업의 미래가 밝다고 판단했다 가정해보자.
그런데 그 헤지펀드가 보기에 반도체산업의 전망이
당분간 안 좋을 것 같다고 생각한다면 어떤 전략을 취할 수 있을까?

스마트폰을
반으로 접어?

이럴 때 헤지펀드는 삼성전자를 사고
SK하이닉스를 공매도하는 포지션을 취한다.
이때 SK하이닉스에 대한 공매도 액션을 '헤지한다'고 부르는 것이다.

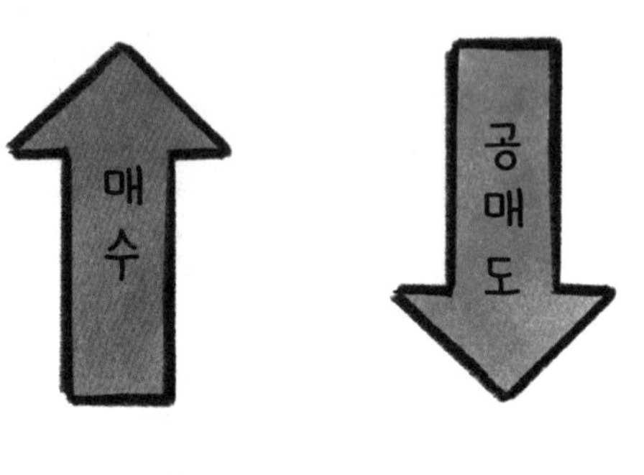
매수
공매도
삼성전자 상승에 베팅
SK하이닉스 하락에 베팅(=헤지)

이런 전략을 취했을 때 판단이 맞았다면,
반도체 실적이 부진하더라도
삼성전자의 주가는 SK하이닉스보다 덜 떨어지게 된다.

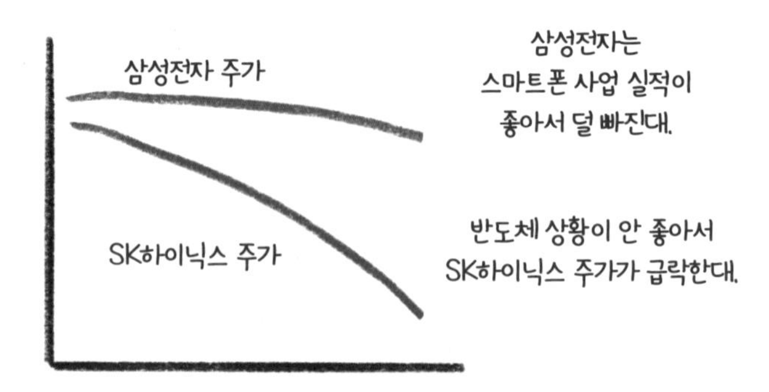
삼성전자 주가
SK하이닉스 주가
삼성전자는
스마트폰 사업 실적이
좋아서 덜 빠진대.
반도체 상황이 안 좋아서
SK하이닉스 주가가 급락한대.

반도체 업황이 나빠지고 있습니다.
SK하이닉스 주가가 10% 하락했습니다.
반면 삼성전자는 스마트폰 사업의 실적이 좋아서
3% 하락에 그쳤습니다.

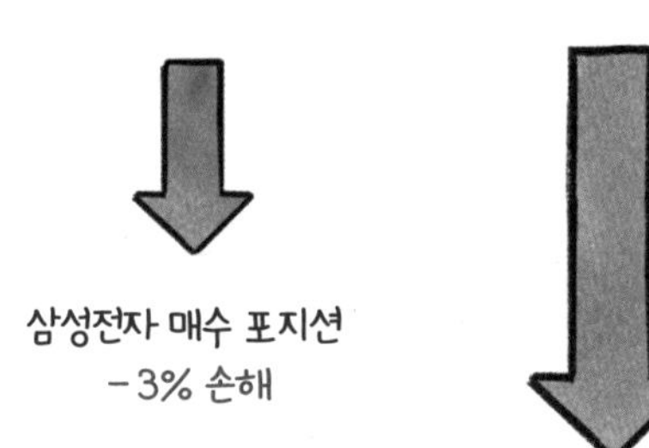

삼성전자 매수 포지션
-3% 손해

SK하이닉스
공매도 포지션
+10% 이익

즉, 삼성전자에서 손해를 보더라도 SK하이닉스의 공매도 포지션으로 '헤지해둔' 덕분에 7%의 투자 이익을 얻을 수 있다.

혹시 반도체산업이 생각만큼 나쁘지 않았더라도 스마트폰 사업이 좋았다면 이 포지션은 수익을 안겨준다.

반도체 사이클이 지속되는 가운데
스마트폰 매출이 급성장하며 삼성전자 주가가 10% 상승했습니다.
SK하이닉스는 같은 기간 4% 상승했습니다.

삼성전자 매수 포지션
+10% 이익

SK하이닉스
공매도 포지션
-4% 손해

비록 공매도에서는 손해를 보았지만 반도체산업이 나빠질 가능성을 대비해 '헤지한' 것이므로 전체적으로 봤을 때는 6%의 수익을 올린 것이다.

이것이 대표적인 헤지펀드의 전략이다.
물론 SK하이닉스 주주 입장에서는 화가 날 것이다.

저놈의 헤지펀드는 왜
내 주식을 공매도하는 거야?

이 상황에서 누군가는 헤지펀드의 판단이 틀렸다고 생각해
SK하이닉스를 매수하는 사람도 있을 것이다.

SK 하이닉스
매수주문
Speculator
무슨 소리!
반도체산업은
곧 좋아질 거야!

누군가 (공)매도를 한다면 누군가는 매수를 하고 있다는 의미다.
이렇게 헤지 거래 (SK하이닉스 매도)의 반대편에서 매수하는 사람을
일반적으로 투기자라고 부른다.

'투기자'는 일반적으로 중기적인 가격 상승을 노리므로
여기서는 '중기투자자, Speculator'로 표현했다.

앞으로 몇 달만 지나면
반도체 업황은 좋아질 거라 생각해.
SK하이닉스 매수!

가즈아!

Q. 요새 어떻게 지내세요?

너무 피곤해요.
매일 경제지표 변화, 기업 실적발표,
해외에서 나온 보고서, 경제 뉴스 등
일일이 챙겨 보니 쉴 시간이 없어요.

Q. 본업이 기관투자자이신데 스스로 '투기자'라고 생각하시나요?

일정 부분 그렇죠.
펀드이기 때문에 오랫동안 보유하는 장기투자 종목도 일정 부분 있긴 합니다.
하지만 6개월만 수익률이 안 좋아도 경고가 들어오고,
언제 환매(회수) 당할지 모르죠.
그러니 6개월 안에 승부를 내는 종목을 찾는 게 더 중요합니다.

현금, 기타
장기
투자
주식형 펀드
중기투자

Q. 중기투자의 장단점은 무엇일까요?

장점은 적당한 기간에 높은 수익률을 올릴 수 있다는 것?
물론 종목을 잘 골라야 하지만요. 이상적인 그래프를 보여드릴게요.
(항상 이렇다는 것은 아닙니다.)

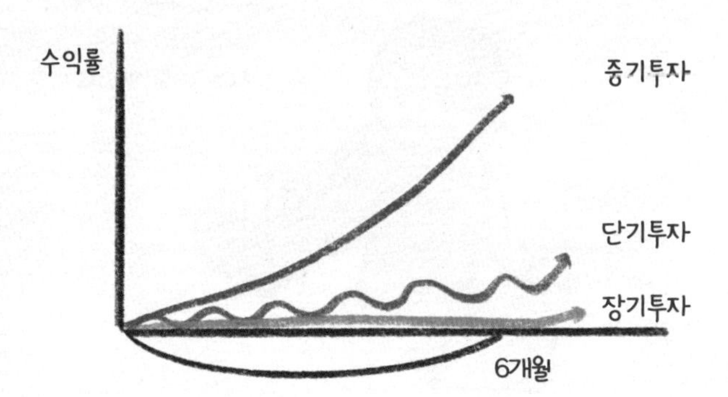
수익률
중기투자
단기투자
장기투자
6개월

왜냐하면 자신의 보유 자산 대비 많은 비중을 투자할 수 있기 때문이에요.
만일 경제지표가 점차 개선되는 상황이고,
주식시장에 유동성도 많은데, 실적 대비 싼 종목을 발견한다면
자신 있게 많이 사서 높은 수익률을 올리기도 하죠.

올인!
이 종목
많이 살게요.

물론 싸고 좋은 종목을 발견했다는 가정이 필요하죠.

단점은 잘하기가 어렵죠.
종목 발굴, 각종 경제지표 체크, 기업 탐방 등
알아야 하는 것, 해야 하는 일이 많으니 항상 피곤해요.

오늘 새로 나온 보고서
봐야 하는데….
아, 지친다. 매일 야근이네.

그래도 저희 펀드에 돈을 맡기는 고객이
늘어나고 있어서 뿌듯합니다.

저희 돈 좀
굴려주세요.
제 돈도
맡길게요!
₩
₩

중기투자, 투기자라는 용어는 생소하지만,
사실 우리가 흔히 접하는 주식매매 방식이기도 하다.
아침 증권방송에서도 다수의 전문가는 중기투자의 시각에서 이야기한다.
(그 이유는 뒤에 밝히겠다.)

향후 코스피지수는 중기적으로 봤을 때….
증권TV

애널리스트 보고서에 등장하는 목표 주가도
대부분 6개월 목표 주가를 의미한다.
이렇게 주변에서 흔하게 접할 수 있는 중기투자지만
막상 잘하기 위해서는 가장 큰 노력이 필요한 매매 방법이다.

6개월 목표 주가입니다.
XX전자
투자의견 BUY (매수)
목표주가 10,000원
벌부 애널리스트

C. 장기투자자(가치투자자, Investor)

1년 이상의 기간 동안 주식을 보유하면서
회사의 전반적인 변화에 따른 이익을 추구한다.
흔히 가치투자자(Value Investor)라고도 부른다.
잘 알려진 '워런 버핏'이 대표적이다.

나 알지?
10년 이상 보유하지 않을 것이면 단 10분도 갖고 있지 마라.

가치투자자 애벌 씨는
자산운용사의 운용본부장 출신이다.
회사를 그만두고 전업투자를 시작한 지 15년이 넘었다.

안녕하세요?
저는 애벌이라고 합니다.

Q. 운용사 펀드매니저를 그만두신 이유가 뭔가요? 가치투자에 자신이 있으셨나요?

아뇨. 저는 사실 어쩔 수 없이 회사를 그만두었어요.
(제 판단으로는) 싼 종목들을 많이 보유하고 있었는데,
이유 불문하고 6개월, 1년 수익률이 좋지 않으니
회사에서 압박이 심했죠.

수익률
개선
악! 좀 더
기다려주세요!

결국 펀드의 보유 종목을 바꾸든 회사를 그만두든 선택해야 했죠.
가치투자는 내 돈으로 해야겠다는 생각이 들었어요.

사표 냈으니
내 방식대로
전업투자를
해봐야지….

자의 반 타의 반으로 전업투자를 시작하게 됐죠.

Q. 그럼 요새 어떻게 지내세요? 듣기로는 돈을 많이 버셨다는데….

돈이요? 뭐 운이 좋았죠.
그런데 다 주식으로 들고 있어요.
앞으로 어떻게 될지 모르죠.
물론 장기적으로 싸다고 생각하는 종목을 들고 있지만….

주식 부자요?
띄워줄 것 없어요.
번 돈 언제 날아갈지
모르는데요.

그럼 몇 달 동안 시장
전체가 빠질 것 같다는 생각이 들더라도
주식 비중을 계속 유지하시나요?
'존버'라고
아세요?

네, 제가 주식을 팔 때는 충분히 비싸졌거나
더 나은 종목을 발견했을 때뿐입니다.

Q. 그런 측면에서는 '트레이더'나 '투기자'와는 매우 다르시군요. 시장이 급락했을 때는 괜찮으세요?

곧 여름이 오니까….
가을에는….
겨울에는….
내년에는….

저는 신용대출은 거의 쓰지 않아요.
장기로 보유하려면 여유 범위 내에서 투자해야 하죠.
시장 하락기에는 몇 달 동안 등산만 다녔어요.

Q. 장기투자의 장단점은 어떤 게 있나요?

장점은 단기, 중기적인 시장의 움직임에
일일이 대응하지 않아도 된다는 것이겠죠?
지금 시장이 알아주지 않더라도
언젠가 제 주식은 '나비'가 될 테니까요.

언젠가는
날아오르자!

단점은 긴 시간 기다리는 게 지루할 수 있고,
또 갑자기 돈이 필요한 상황에 대응하기 어려워져요.
그런데 전 괜찮아요. 제 가족은 매우 검소한 편이거든요.
대중교통을 이용하고 골프도 안 쳐요. 매일 등산 다니는 게 취미죠.

좋은 주식 사 놨으니
등산이나 가자….
버스

장기투자는 주식 초보가 접근하기에 편하고 쉬운 방법처럼 보인다.
한때 유행했던 '장기 적립식투자'를 들어보았는가?

나도 예전에 적립식펀드에 가입했었지.
그런데 결국 재미 못 봤어.
4억 만들기
적립식펀드
통장

장기 적립식투자는 이론적으로 매우 훌륭한 투자 방법이다.
그러나 무턱대고 이를 맹신한다면 생각보다 큰 기회비용을 치를 수 있다.

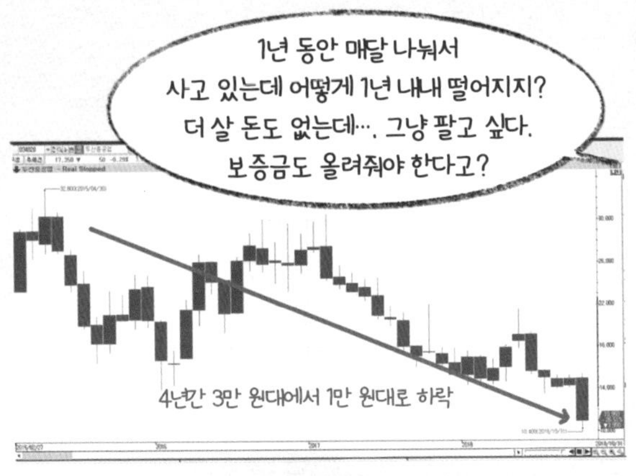
1년 동안 매달 나눠서
사고 있는데 어떻게 1년 내내 떨어지지?
더 살 돈도 없는데…. 그냥 팔고 싶다.
보증금도 올려줘야 한다고?
4년간 3만 원대에서 1만 원대로 하락

*2015년 이후 두산중공업 주가 월간 차트

또 모든 가치투자자가 밸류에이션이 싼 종목만 사는 것은 아니다.
일반적으로 계산했을 때 매우 비싼 종목이나,
지금 당장 적자가 나는 회사를 사는 경우도 있다.

먼 미래의 가능성에 투자하는 거죠.
지금은 비싸 보일지 모르지만 5년만 지나면
오히려 싼 주식이라는 것을 알게 될걸요?

이 종목 올해 PER이
30배라던데요?

*밸류에이션 : 특정 자산(여기서는 주식)의 현재 가치. 혹은 그 가치를 평가하는 과정.
*PER : 주가수익비율. 주가를 주당순이익으로 나눈 값으로, 높을 수록 비싼 주식이라 평가된다.

지금까지 하루, 벌부, 애벌이라는 3명의 등장인물을 통해
3가지 주식매매 스타일에 대해 알아봤다.
이들은 모두 툰개미 주변의 실존 인물을 참고했다.

형들, 이해해주실 거죠?
꾸벅

이 만화에 등장한 이들 또한 쉽게 설명하기 위해 단순화한 예시일 뿐
각각의 스타일을 완벽히 대표한다고 보기는 어렵다.
실제로 더 다양한 스타일로 돈을 버는 고수들이 즐비하니까.

서울
어떤 길이든
서울만 가면 되지 뭐.
방향성이 중요한 법!

〈각각의 스타일에 대한 단적인 예〉

2018년, 남북 정상회담이 열리면서
남북 관계 개선에 대한 기대감이 고조됐었다.

북
남

*이해를 돕기 위해 실화를 각색한 것입니다.

이후 미국과 북한의 정상회담이 이어질 것이라는 뉴스가 나오면서
주식시장에서 '남북 경제협력 수혜주'가 급등했다.
이때 하루, 벌부, 애벌 씨는 어떤 반응을 보였을까?

남북 정상회담이 개최되었습니다.
휴전선 근처의 땅값이 급등하고 있습니다.

!?

?!

이 기간 동안 가장 높은 수익률을 올린 사람은 하루 씨다.
남북 경협 테마가 각광 받던 시기에는
매일 아침 남북 관계에 대한 뉴스가 쏟아져 나왔다.

내일은 통일부와 국토부에서 발표가 있구나.
어제는 철도주가 올랐으니
내일은 시멘트 관련주가 오르지 않을까?
바쁘구먼~
남북 테마주

당연히 가장 바쁜 시간을 보낸 사람도 하루 씨다.

뉴스가 터지자마자 수급이 몰리니, 신난다 신나!
물 들어올 때 노 저어야지.
개성공단에 공장이 있는
회사 리스트는 어디 있더라?
속보
호재
수급
뉴스

반면 벌부 씨는 고민이 깊어진다.

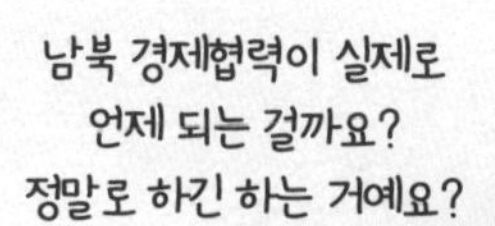
남북 경제협력이 실제로
언제 되는 걸까요?
정말로 하긴 하는 거예요?

흠…. 남북 협력이 아예 안 된다고
할 수도 없고 수급이 몰릴 것 같으니
일단 건설 섹터라도 더 사놓자.
실적도 좋으니까.
?
건설주 BUY
글쎄요. 저도 잘 모르지만,
만일 안 되면 곧바로 매도죠.

애벌 씨는 운 좋게 남북 경협주를 2년 전부터 들고 있었다.

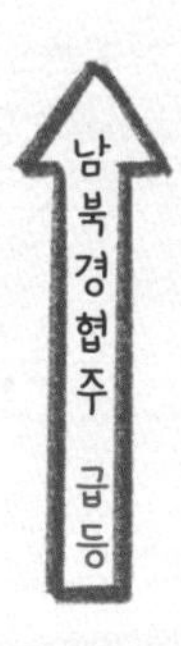
남북경협주 급등

싸길래 2년 전에 사놨는데,
이번에 남북 경협 수혜주로
언급되면서 급등하네? 감사!
이런 일을 예상한 것은 아니었지만,
적당히 밸류에이션이
높아지면 팔아야겠지.

얼마 후….

결국 남북 경제협력에 대한 기대감은 사라졌다.

그때는 뉴스만 나오면 급등이었는데. 내가 무슨 종목을 매매했더라? 기억도 잘 안 나.
남북 경협주? 아, 한때 신나게 매매했었지. 수익도 제법 올렸고.
좋은 추억이지….
남북 경협은 큰 흐름이라며?

벌부 씨의 회상은 하루 씨와 조금 달랐다.

그때 건설주를 좀 더 사는 걸로 대응했지. 당시에는 시장의 상승을 못 따라가서 욕도 먹었어.
산 것들은 수익 좀 내고 팔았지. 실적 좋은 주식들은 팔 기회가 있더라.

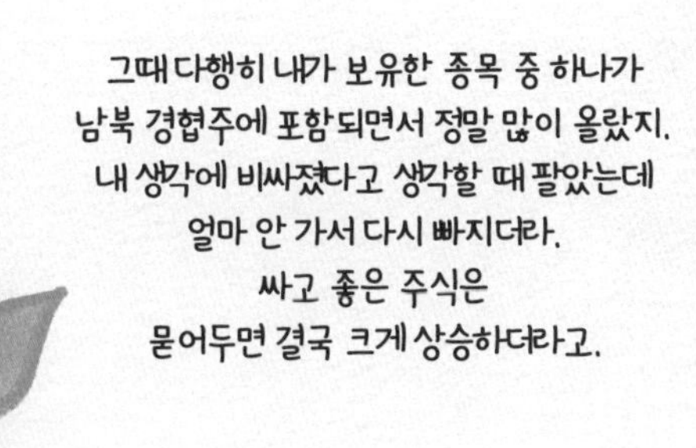
그때 다행히 내가 보유한 종목 중 하나가
남북 경협주에 포함되면서 정말 많이 올랐지.
내 생각에 비싸졌다고 생각할 때 팔았는데
얼마 안 가서 다시 빠지더라.
싸고 좋은 주식은
묻어두면 결국 크게 상승하더라고.

벌써 이렇게 컸어?
수확해서 팔아야겠네.

그 시기에 돈을 잃은 개미도 많을 것이다.

아니 잠깐만요.
증권방송에서 남북 협력은
새로운 혁신이라고 했다고요.

난 오늘부터 장기투자자야.
계좌는 이제 안 봐야겠다….

완전히 물렸네….
신용 썼는데 어떡하지?

2. 주식 잘하는 사람들의 공통점

각각 스타일이 다르더라도
주식 고수들에게는 몇 가지 공통점이 있다.

?

A. 주식 그 자체를 즐긴다

자신이 번 수익을 자랑하지 않는다.
돈보다 주식을 하는 과정을 좋아한다.

돈 많이 버셨어요? 수익 인증은?
그냥 감사하게 좀 살기 편한 것뿐이에요.
주식을 좋아하고 즐기다 보니 여기까지 왔네요.

굳이 남에게 과시하려는 소비는 안 해요.
주식 하다가 벌어둔 돈 다시 잃을 수도 있으니까요.

돈도 좋지만 주식 하는 것 자체가 재미있어요.
이 차트는 내일 어떻게 될까 궁금하고
또 맞히면 그 자체로 너무 신나요!

영화보다 재밌네.
팝콘

B. 주식에 대해 항상 겸손하다

투자 방법을 타인에게 가르치려 하지 않는다.
높은 수익률에 자만하지 않고 종목 추천에 매우 조심스럽다.

요새 수익률 좋으시던데 종목 추천 좀 해주세요.

아이고, 그런 것은 전문가에게 물어보세요.
저도 언제 까먹을지 몰라요.

요새 좋게 보는 산업 분야라도 알려주세요.

정 그러시다면, 이 보고서들 한번 보실래요?
요새 이런 종목들에 관심이 있어요.
공부해보시고 툰개미 님 생각도 들려주세요.

헉,
이걸 다
읽으라고요?

C. 확신을 가지고 노력한다

자신의 주식 스타일에 확신을 가지고
더 완벽해지기 위해 노력한다.

지금까지 저의 스타일로 잘 해왔지요.
하지만 더 잘하고 싶어 공부하고 있어요.

주식 공부 시간

어떤 책으로 공부하세요?

재무제표를 더 잘 알고 싶어서
최근에 나온 회계 관련 공부를 하고 있어요.

열공
기업회계

헉, 회계 지식은 거의
회계사급 아니시던가요?
CFA(국제재무분석사) 자격도
있으신 분이….

D. 자신의 단점을 잘 안다

자신의 주식 스타일에 관한 단점 또한 잘 알고 있다.
자신에게 맞지 않는 시장이면 과감히 주식투자를 쉰다.

주식이 잘 안 될 때는 어떻게 하세요?

제 스타일에 들어맞지 않는 시장이면
그냥 쉬면서 놀아요.

ZZZ~

제가 좋아하는 차트가 없을 때는
그냥 쉬어요. 괜히 무리해서 매매하다가
돈 잃는 것보다는 그게 좋아요.
저도 시장에 자신이 없을 경우
현금 비중을 늘리고
포트폴리오를 인덱스에 맞춰 놓죠.
펀드매니저에게는 그게 쉬는 거예요.
낚시나
가자.

*인덱스 : 펀드가 추종해야 하는 주가지표(코스피, 나스닥 등) 그 자체. 시장의 움직임을 대표한다.

혹시 단기투자, 중기투자, 장기투자
모두 잘하는 분을 본 적이 있으세요?
글쎄요. 난 못 봤어요.
하나만 잘하기도 쉽지 않은데….
본 적 있어?
아니.

모든 스타일의 투자를 다 잘하기 위해서는 공부해야 할 것이 너무 많다.
또 사람마다 개성과 성향이 다르기에
각자 잘할 수 있는 스타일 역시 다를 것이다.

기업공부
산업
경제공부
차트공부
으악!
할 게 너무 많다.

3. 사람마다 자신에게 맞는 주식 스타일이 있다

앞에서도 언급했지만
툰개미는 운용사에서 펀드매니저로 근무하면서
여러 명의 신입 펀드매니저를 교육시켰다.
그 과정에서 사람마다 자신에게 맞는
스타일이 있다는 사실을 깨달았다.

그건 좀….

내 스타일에 맞춰봐.

예를 들어 성격이 급한 사람에게 장기투자는 어렵다.

아휴, 언제 출발하는 거야? 답답해.
투자 준비는 꼼꼼히….

매일의 주가 움직임에 무던한 사람이나,
장중에 주가 움직임을 볼 수 없는 일을 하는 사람에게
트레이더 스타일로 투자하기란 어려운 일이다.

어라? 운전하다 보니
주식시장 끝났네?

A. 당신의 주식 스타일은 정해져 있다

〈성격 급한 Q 대리 이야기〉

무슨 일로
부르셨나요?
Q 대리, 지난번 스팟 펀드 운용 정말 잘했어.
그래서 말인데, 이번에 우리 본부에서
새로 맡은 펀드가 있거든.

*스팟 펀드 : 3~6개월 내에 목표 수익률을 달성하면 바로 청산되는 단기 펀드.

새로 설정된 펀드인데
신재생에너지 산업에 주로 투자하는 펀드야.
지난번처럼 단타 위주로 매매하던 습관은 고치는 게 좋겠어.
이런 산업은 좀 긴 안목으로 투자해야겠지?

네, 본부장님. 맡겨주세요.
성장산업에 투자하려면 장기적 안목으로 접근해야겠네요.
이번에 장기투자에 대해 책도 많이 읽었습니다.
신성장산업에 대한 공부도 더 하겠습니다.

제가 적임자입니다!

그래, 그럼 잘해봐.
Q 대리에게 이 펀드 맡길게.
일단 이쪽 산업에 대한 애널리스트 세미나랑
기업 탐방 가볼 만한 업체들
선별해서 일정 조율해보자.

네,
열심히 하겠습니다!

3개월 뒤….

툰개미 본부장님.
그 새로운 산업에 투자하는 펀드 어떻게 운용되는 건가요?
좀 문제가 있어 보이는데요?

컴플라이언스 팀

*컴플라이언스 팀 : 펀드 운용 시 지켜야 할 법규, 가이드라인이 잘 지켜지는지 점검하는 부서.

그 펀드는 Q 대리와 잘 의논해서 운용하고 있습니다.
혹시 수익률이 부진해서 그런가요?
이런 펀드는 아무래도 긴 호흡으로 투자하는 펀드니
단기 수익률은 부진할 수도 있습니다. 그건 감안해주셔야….

아, 요새
바빠서 신경을
못 썼네….

아뇨, 수익률의 문제가 아닙니다.
회전율이 너무 높아요.
3개월 동안 회전율이 연환산 800%에 달합니다.

사고
팔고

*회전율 : 펀드에서 주식을 사고파는 빈도를 나타내는 지표. 예를 들어 100억 원 규모의 펀드 회전율이 100%라면, 그 기간에 매수, 매도한 총액이 100억 원임을 의미함.

네? 800%요? 아무리 연환산이라지만….
뭔가 착오가 있나 본데, 제가 확인해보겠습니다.

대체 얼마나
돌린 거야?

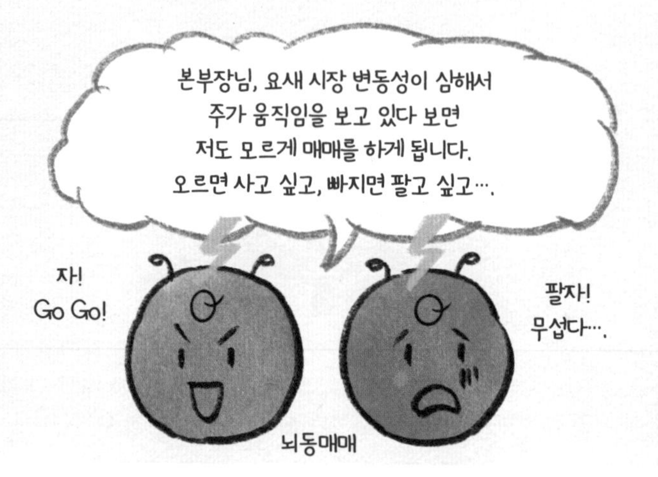

Q 대리, 우리 이번 펀드는 장기투자하기로 했잖아.
그런데 회전율이 왜 이렇게 높아?
본부장님, 요새 시장 변동성이 심해서
주가 움직임을 보고 있다 보면
저도 모르게 매매를 하게 됩니다.
오르면 사고 싶고, 빠지면 팔고 싶고….
자!
Go Go!
팔자!
무섭다….
뇌동매매

그게 지금 펀드매니저가 할 얘기야?
정도가 있지….
이 회전율은 너무 심하잖아.
당분간 매매하지 말고 좀 지켜보자.
저는 그럼 뭘 하면 됩니까?
그냥 놀라는 말씀인가요?

이 에피소드는 실제로 있었던 일이다.
Q 대리가 담당했던 그다음 펀드 역시 여전히 높은 회전율을 기록했다.

Q 대리에게 장기투자 스타일의 펀드를 맡겼던
툰개미의 잘못을 깨달았던 사례지만,
주식 스타일을 바꾸기란 상당히 어렵다는 것을
알게 해주는 사례이기도 하다.

난 팽이야.
회전하려고 태어났는데….

B. 세상에는 다양한 스타일의 사람이 있다

성격이 급한 사람도 있고 느긋한 사람도 있다.

워런 버핏에 대한 책을 읽고 감명받았어.
나도 이제 가치투자를 할 거야. 장기투자!

길게….
I ♡
버핏

한 달 지났는데, 그 종목 잘 들고 있니?

오르지도 않고 빠지지도 않고 주가가 무슨 껌딱지야.
보다 보다 열불 터져서….
그냥 팔아버리고 다른 종목으로 갈아탔어.

I ♡
버핏

으, 못 참겠다!

자금이 많은 투자자도 있지만 부족한 투자자도 있고,
차트 공부를 많이 한 사람도 있지만 회계를 전공하거나
어떤 특정 산업에 대한 지식이 많은 사람도 있다.

다들 다르게 생겼구나….

사람들이 저마다 성향과 환경이 다르듯
사람마다 맞는 주식 스타일도 각자 다르다.

자신에게 맞는 주식 스타일을 아는 것!
이것이 주식으로 성공하는 첫걸음이다!

오래 가려면
서로 잘 맞아야지.

PART 3.

왜 나에게 맞는 주식 스타일을 찾아야 하는가?

1. '주식을 한다'는 행위의 의미

우리는 주식을 매매해서 돈을 버는 행위를
'주식투자를 한다'라고 통칭한다.

나 요새
주식 해.
게임하는 것
아니야?

여기에서 '주식투자'란 무엇일까?
우리는 통상적으로 주식투자(Investment)라는 표현을 쓰지만,
앞에서 단타 매매(Trading)와 투기(Speculate) 역시
'주식을 한다'는 것에 포함된다는 사실을 확인했다.

나 지금 주식 하고 있어….

이 행위는 모두 동일한 목적을 가지고 있다.
그것은 바로 '미래'에 더 높은 가격에 팔아서 '수익을 얻는 것'이다.

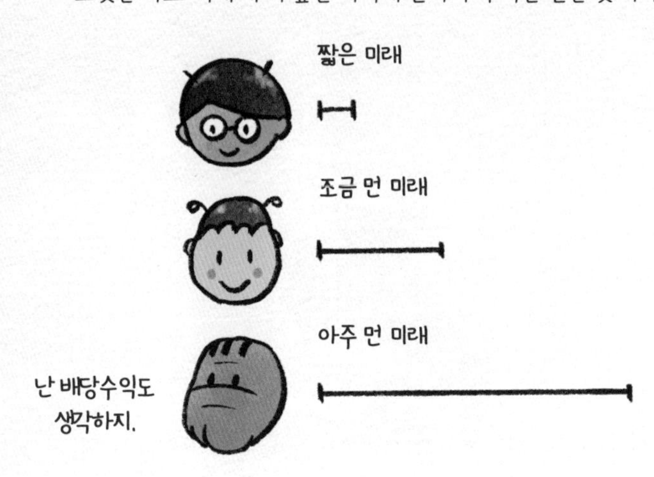
짧은 미래
조금 먼 미래
아주 먼 미래
난 배당수익도
생각하지.

따라서 주식을 한다는 행위에는 반드시 '미래에 대한 예상'이 포함된다.
불안한 미래가 예상되는, 더 노골적으로 표현하면
망할지도 모르는 회사의 주식을 사는 사람은 없을 것이다.

2. 예상을 잘하는 데 필요한 것들

A. 요인과 가정

그렇다면 미래에 일어날 일을 알기 위해서는 무엇이 필요할까?
미래 예측을 위해서는 일반적으로 다음의 2가지가 필요하다.

미래?
그건 내 담당 아니던가?

첫째, 요인(factor)

현재의 모습이 되게끔 만든 이유를 의미한다.

많이 먹었으니
배가 나오지….
요인
현재 모습

둘째, 가정

현재를 잘 설명하는 '요인'들이
미래에 어떻게 변할지 예상하는 과정을 말한다.

내가 갑자기 뒤통수를 때리면(요인의 변화)
엄청 화를 내겠지?(가정)

나중의 과정을 미리 소개하자면 '검증'이 있다.
이는 설정해둔 '요인'과 '가정'이 올바른지
결과를 가지고 재평가하는 행위다.

아이고! 때려도(요인)
화는 안 내고(가정 오류)
내 손만 아프구나.(검증)

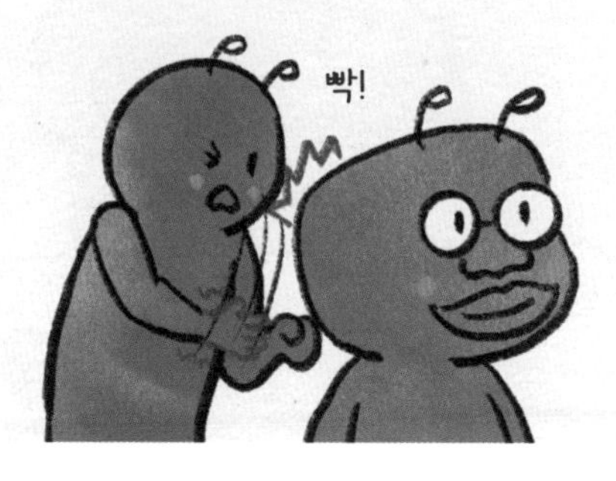
빡!

일단 요인과 가정에 집중해보자.
우리 주변에서 가장 쉽게 접하는 예상은 일기예보다.
내일 또는 다음 주 날씨를 예상하기 위해서
어떤 요인들을 알아야 할까?

16
20
22
23

우리나라를 둘러싼 현재의 온도, 습도,
고기압과 저기압의 위치, 지형 등의 정보가 필요할 것이다.
이것들이 '요인'이다.

저
고

이러한 정보를 과거부터 분석해서
각각의 요인들이 현재 상황에 어떤 영향을 미치는지 파악한다.
그 후 요인들이 미래에 어떻게 변할지 '가정'을 세운다.
이를 종합해 내일 날씨를 '예상'하는 것이다.

저
고

고기압과 저기압이 만나서 내일은 비가 오겠습니다.

점쟁이가 아닌 이상 '예상'이란 이러한 과정을 거친다.
주식도 마찬가지다.
다른 예를 들어보자면….

B야, 너는 이번
기말고사를 망칠 거야.
A

재수 없는 소리 하지 마.
네가 그걸 어떻게 알아?
B

시험 성적은 공부한 시간에 비례하는데,
최근 넌 나랑 계속 놀았잖아.
잠

여기서 A는 시험 성적을 예상하기 위한 요인으로 '공부 시간'을 규정하고 있다.
그리고 최근 B는 자신과 놀았기 때문에
공부 시간이 부족할 것이라는 가정을 세우고 있다.

이 예상이 정확할까?
A의 예상이 맞으려면 먼저 시험 성적이
공부 시간에 비례하는지 아닌지를 알아봐야 한다.

Q. 요인이 적합한가?

공부 시간?
30분이면
충분해!
실은 나…
IQ가 200이거든.

또한 B가 A와 놀고 난 후에 잠을 안 자면서 공부했는지,
또는 놀기 전에 이미 많은 시간 공부했는지 등
잘 알아보고 가정을 세워야 한다.

Q. 가정은 합리적인가?

A랑 놀았으니
밤새워서
공부해야지!
B

B. 주가를 예상하는 데 필요한 대표적 요인들

그렇다면 주가를 예상하는 데 필요한 요인들은 무엇이 있을까?
다양한 요인이 있지만, 대표적인 4가지만 살펴보자.

(1) 현재 그 종목과 관련된 수급
(2) 기업의 실적
(3) 그 기업이 속한 산업의 동향
(4) 거시 경제 동향

갑자기 너무 어려워진다고? 조금만 참아보자.
자신의 주식 스타일을 깨닫고 나면 어려움은 반으로 줄어든다.

뭐야, 만화책이
왜 이리 어려워? 덮자.
워워,
조금만 참으세요.
탁

(1) 수급 : 누가 얼마나 사고파는가?

외국인, 기관, 개인의 매매 동향,
전환사채 등 신종자본증권의 행사 여부,
고객 예탁금 등 주식시장과 관련된 유동성의 흐름 등.

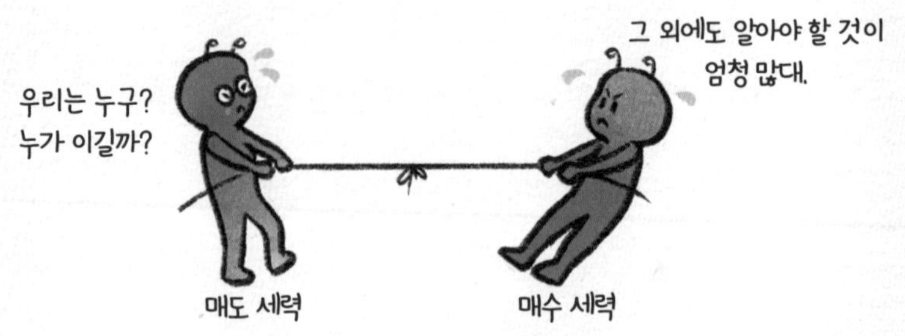
우리는 누구?
누가 이길까?
그 외에도 알아야 할 것이
엄청 많대.
매도 세력
매수 세력

*전환사채 : 사채(채권)로 발행되었지만, 일정 기간이 지나 소유자가 청구하면
주식으로 전환이 가능한 사채.

오늘 내가 보유한 종목을
외국인이 엄청 팔았네?
그래서 빠졌구나.
대체 왜 판 거야?
요새 외국인이 우리나라 IT 섹터를 팔고 있대요.
MSCI지수 변경 때문이라는 분석도 있으니
단기 외인 수급은 안 좋을 것 같아요.

*MSCI지수 : 미국의 모건스탠리캐피털 사가 발표하는 세계 주가지수.

(2) 기업의 실적 : 투자할 기업이 동종 업계 내에서 얼마나 경쟁력이 있는가?

최근 매출 동향, 새로운 수주나 계약,
산업별 수출 데이터(통계청 발표), 재무 상태(이자 수익, 비용) 등.

돈을 잘 버는 회사가
기업가치도 크겠지?
근데 알아야 할 것이 많네….

아니, 삼성전자
역대급 실적이라며?
다음 분기도 실적이 좋다는데
왜 빠지는 거지?
삼성전자
깜짝실적
실적 또한
중요한 요인이지만,
다른 요소도 같이 봐야 해요.

(3) 산업 동향 : 기업이 속한 산업이 안정적으로 성장하는가? 혹은 사양하는가?

경쟁업체 동향(=경쟁의 강도), 산업 자체의 성장성, 산업과 관련된 정부 정책의 방향, 전방 및 후방산업의 동향, 산업의 사이클 위치 등.

뉴스에서 전기차 관련 산업이 유망하다던데….
우리 회사는 전기차 기술도 없고.
이직해야 하나?

장기적으로 성장하는 산업에 속하면서 경쟁력이 있는 회사는
시간이 흐를수록 기업가치가 올라갈 것이다.

나에게는 장기적인 산업 전망과
기업 경쟁력이 가장 중요해.
단기에 주가가 요동치는 것은
신경 쓰지 않지.

(4) 거시 경제 동향 : 경제 관련 지표의 흐름은 어디를 향하는가?

국가 및 글로벌 경기 사이클, 환율 동향, 자금 유동성 현황, 금리의 방향성,
원자재(유가 등)의 가격 동향, 국가의 무역 환경 등.

물가가 계속 급등한다고?
주식 다 팔아야 하나.
경제신문

이 요인은 주식 스타일에 따라 투자 결정에 미치는 영향이 다르다.

미국 FOMC(연방공개시장위원회)에서
너무 급하게 금리를 올리는걸.
당분간 주식 비중은 최대한 줄이고
현금을 보유해야겠다.

일리 있는 생각인데, 장기적으로는
결국 금리를 낮출 거야.
길게 보면 주식을 팔 필요는
없을 것 같은데?

주식투자를 성공하기 위한 방향이 나왔다.
현재 주가를 가장 잘 설명하는 '요인'들을 찾아내고,
그 요인들이 향후 어떻게 변해갈지 올바른 '가정'을 세워서
상승할 종목을 찾아내는 것이다! 대표적인 요인 4가지도 알아봤다.

이것만
잘 알면...
수급
산업 동향
기업 실적
경제 동향
나도 주식 부자?

문제는 각각의 요인들을 잘 알기 어렵고,
특히 세부적으로 알아야 할 것이 너무나 방대하다는 점이다.

으악! 이거 공부해야 할 게
너무 많잖아!
어쩌라는 거야?
수급
산업 동향
기업 실적
경제 동향

3. 주식 스타일의 중요성

왜 자신의 주식 스타일을 찾아야 할까?
주식에 투자하기 위해 알아야 할 요인들을 줄이기 위해서다.
앞서 소개했던 주식 고수 3명에게
투자에 필요한 모든 데이터를 구해줬다고 가정해보자.
(구하기도 어렵겠지만.)

?
자, 이 USB에 필요한
모든 데이터(요인)가
들어 있습니다.

A. 밀려드는 정보의 홍수 속 투자 고수들의 선택

〈트레이더 하루 씨〉

수급 데이터만 있으면 돼요.
기업, 산업, 경제 정보? 그런 거 봐도 어렵기만 해요.

일단 차트를 살펴볼까나.
거래량 데이터도
같이 봐야지.
USB

〈가치투자자 애벌 씨〉

기업에 대한 정보와 장기적인 산업 전망 정보를 알고 싶어요.
성장하는 산업 속에서 경쟁력 있는 기업이
장기적으로 실적이 좋아진다면 투자해야죠.
단기적 수급? 경제지표? 장기투자에 그런 게 중요한가요?

휙~
수급 정보
(중기)
경제지표
기업 정보
산업 정보

〈투기자 벌부 씨〉

전 다 알고 싶어요.
물론 기업 실적과 산업 동향이 더 중요하긴 하지만,
거시 경제 정보를 알면 주식 비중을 잘 조절할 수 있고,
수급도 알면 매매할 때 도움이 되겠죠.

분석
보고서
기업 정보
산업 정보
수급 데이터
단기 경제 전망

B. 주식 초보의 실수

모든 것을 알려다가 결국 아무것도 모른 채 투자를 시작한다.

자신의 스타일을 잘 알면, 모든 요인을 알 필요 없다.
특히 트레이더와 가치투자자가 그렇다.

이래서 개인들이 차트 공부를
많이 하는 것 아닐까요?

차트
공부

장기투자는 이런 장점도 있으니
전문가들이 많이 권하는 거예요.

value
invest

중기투자는 사실 초보가 하기에는 좀 어렵다.
초보 개미가 중기투자를 하는 경우는
대개 단기투자용으로 샀다가 물려서 강제로 들고 가거나,
장기투자로 샀는데 운 좋게 일찍 주가가 올라서 팔거나,
아니면 못 견디고 손절하거나….

중기투자는
저희 같은 전문가가
많이 하죠.
눈이
빨간데요….
볼 게 많으니
피곤해서요.

물론 다른 스타일의 투자자도 주식 경험이 쌓이면 중기투자를 하기도 한다.
중기투자도 나름 장점이 있으니….

저희도 가끔 중기투자 할 때가 있어요.
좋은 정보를 알게 됐거나, 중기에 효과적인 투자 아이디어가 있을 때죠.

중기투자도 가끔 잘 함

어쨌거나 주식 스타일을 알면 모든 요인을 알 필요가 없다.
설령 그 요인들을 안다 하더라도
초보가 각각의 요인을 보고 올바른 가정을 세우기는 더욱 어렵다.

가정
요인
요인
요인
가정
요인
헉, 이 많은 요인을
겨우 이해했는데
다시 또 가정을 세우라고?

주식을 잘하는 사람들은 '자신에게 필요한 요인'만
선별에서 받아들인 다음, 그것을 더 정확하게 분석해
'올바른 가정'을 세우려 노력한다.

나한테 필요 없는 요인은
과감히 잘라버리자.

C. 자신의 주식 스타일을 모르는 초보 개미들의 실수

초보 개미의 경우, '트레이더' '투기자' '가치투자자'의 개념을 이해하지 못하고 이런저런 스타일을 다 기웃거린다.

다 살까?
차트 좋은데?
장기적으로 이 산업은 계속 성장할 거래.
경쟁력이 좋은 회사야.
조만간 큰 수급이 들어온대.
이 기업은 이익이 좋아진대.
정부 정책 수혜주야.

이런 스타일이 있다는 것을 안다 하더라도 모든 스타일을 다 잘하려고 덤빈다. 그러다 보니 당연히 공부해야 할 내용이 너무 많다.

갈 엄두가 안 난다. 쉬운 길 없나?
수익
가정
요인들

그러다 어떤 한 분야도 제대로 공부하지 못하고 포기한다.
아니면 쉬워 보이지만 오히려 위험한 길로 가게 된다.

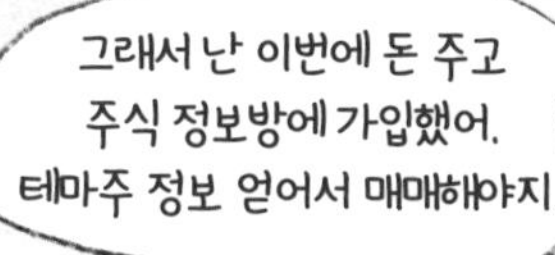
그래서 난 이번에 돈 주고
주식 정보방에 가입했어.
테마주 정보 얻어서 매매해야지.

주식 공부 시작하려고 하는데,
서점 가봤어? 차트, 재무제표 등
책들이 너무 많더라.
뭐부터 공부해야 할지 모르겠어.
어려워….
그거
리딩방 아냐?

주식 공부를 포기하라는 것이 아니다.
자신의 스타일을 깨달아 효율적으로 공부하자는 이야기다.

어떤 스타일이건 그 스타일에 맞는
주식 공부를 확실히 해둬야 해요.

공부
연구
Study
차트
산업
분석

4. 증권방송을 아무리 보고 따라 해도 돈을 못 버는 이유

어느 날 아침 3명의 투자 고수와 초보 개미가
다 함께 증권방송을 보고 있다.

아침 증권방송
굿 모닝~
고수들은
어떤 내용에
집중할까?

증권방송에는 다양한 전문가들이 출연한다.
어떤 사람은 단기적인 시황과 수급을 위주로 언급한다.

어제도 외인이 선물을 매수했죠?
오늘 선물은 400선까지
갈 수 있겠습니다.
XX산업 종목 상담이요?
차트를 보면 지금은 저항대에 있으니
손절가는 XXX원으로 잡으시고….
외국인 선물
매매 동향

또 어떤 사람은 장기적인 산업 전망과
종목 분석에 초점을 맞춰서 이야기한다.

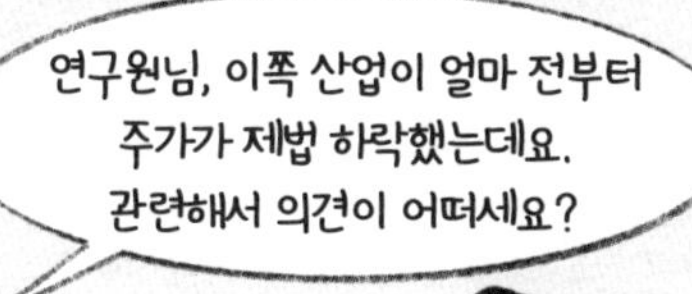
연구원님, 이쪽 산업이 얼마 전부터
주가가 제법 하락했는데요.
관련해서 의견이 어떠세요?

멀리 보세요.

이 산업은 긴 안목에서 봐야죠.
지금 전 세계가 새로운 성장을
위해 정책을 만들고 있어요.
정책적 수혜가 기대되는 만큼,
빠질 때 저가 매수하셔야 합니다.

하지만 대다수의 출연진은 단기, 중기, 장기에 영향을
미칠 수 있는 다양한 요인들 모두를 언급한다.

다수의 시청자를
상대로 하는 방송이니
기왕이면 많은
정보를 알려주자.
어제 시장의 수급…
최근 주목받는 테마 섹터…
다음 분기 실적이 개선될 종목…
다음 주에 주목할 경제지표…
정부 정책으로
장기적 수혜를 입는 산업…

자신의 주식 스타일을 안다면,
정보의 홍수 속에서 자신에게 필요한
요인과 가정을 취사선택하기 수월할 것이다.

저분 아는 것 참 많으시네. 역시 전문가라 그런가?
근데 들은 얘기는 많은데 뭘 어떻게 해야 할지 모르겠네.
그냥 저분이 얘기한 추천 종목이나 따라 살까?

초보 특징) 잘 모르겠으면
일단 받아적음.

반면 고수들은….

아이고, 많이 준비하셨네. 대충 시장 분위기는 알겠고….
오늘 매매할 만한 차트나 찾아봐야겠다.
아까 얘기 나왔던 테마주 중에서 괜찮은 차트를 찾아볼까?

더 들을 건 없고.
오늘 하루 딱 5%
먹을 만한 것 없나?

내가 보유한 종목이나 산업에 대한 새로운 얘기는 없구나.
오늘은 어느 산에 갈까?

CLOSED
배낭이나
챙기자.

오, 다양한 정보를 알려주니 좋네.
가만, 이메일도 확인해야 하고
회의 자료도 살펴야 하고 새로 나온 보고서도 봐야지.
다음 달 금리가 오를 수 있다고 하니
피해가 예상되는 종목은 좀 줄여놓을까?

아침에
할 게 많네….
TV 소리도
들으면서….
보고서

주식 스타일에 대한 이해가 부족하면
증권방송 전문가의 의견에 오히려 헷갈릴 수 있다.

YYY 종목 차트 보시죠.
어제 단기 지지선을 하향 이탈했습니다.
수익이 나신 분들은 일단 차익을 실현했다가
저점 매수를 노려보세요.

엇? 나 이 종목 있는데
지금이라도
손절해야 하나?

아니면
물을 타야 하나?

오호, 내가 보유한 YYY 종목이 최근 좀 빠졌구나.
이럴 때 분할매수해야지. 어차피 산업의
전망이나 회사의 경쟁력에는 변함이 없으니까.

헷갈리네.
팔까? 살까?
장기투자에
분할매수는
필수지!

증권방송이 제공하는 수많은 정보 역시 자신의 스타일을 파악하고
관련된 공부가 되어 있어야 비로소 쓸모 있는 것이다.

난 등산 가야지.

일단 이것저것 적긴 했는데,
뭘 매매하지?

난 매매하러
가야겠다.

즉 개미들이 주식을 잘하지 못하는 것은 정보 부족 때문이 아니다.
수많은 정보 속에서 자신에게 필요한 정보를
골라낼 능력이 없기 때문이다.

에라 모르겠다.
장 열리자마자
강한 종목은 사고
약한 종목은 팔아야지.

PART 4.

나는 어떤 주식 스타일인가?

어떤 주식 스타일이 더 나은 방법일까?
정답은 없다. 3가지 방법 모두 유효하다.
중요한 것은 자신에게 맞는 스타일을 찾는 것이다.

기호 1

기호 2

기호 3

누구를 선택하지?

애석하게도 나의 주식 스타일을
쉽고 정확하게 알 수 있는 검증된 이론은 없다.

너 자신의
스타일을 알라.
근데 그게
알기 어렵다고요.

1. 주식 스타일을 알아가는 단계

결론부터 말하면, 주식 스타일은
실전투자를 통해 파악하는 게 가장 바람직하다.
그러나 무턱대고 투자하는 경우
시간 낭비는 물론, 돈까지 잃을 위험이 따른다.
이번 파트에선 비용을 최소화하면서
주식 스타일을 효율적으로 알아가는 방법을 제시해보려 한다.

(이는 툰개미의 개인적인 경험을 토대로 만들어낸 방법일 뿐,
검증된 이론은 아님을 미리 밝혀둔다.)

거울아, 거울아.
난 대체 어떤 스타일이니?
?

Step 1. 일단 '트레이더'와 '가치투자자' 둘 중에 선택한다

먼저 성격이 명확하게 나뉘는 두 스타일 가운데
고민해보는 것이 빠른 접근법이다.
투기자는 두 스타일의 성격을 모두 가질 수 있기 때문이다.

〈트레이더〉
〈가치투자자〉
일단 둘 중 하나를 고르자!

이후에도 단기투자와 장기투자,
이 2가지 경우만 논의할 것이다.

일단 트레이더 아니면 가치투자자 입장으로만 접근해봐요.
그러면 좀 더 명확하겠죠?
둘 다 도저히 아니라면… 투기자 아닐까요?

장기
단기

Step 2. 자신의 매매 환경을 생각한다

내가 아무리 트레이더 성향이라 하더라도,
주식시장이 열리는 시간에 시장을 확인하거나
매매할 수 없는 사람이라면 트레이더 스타일을 추구하기 어렵다.

지금부터
8시간 동안
비행이네.
주식은
언제 보나….
스튜어디스
공항

마찬가지로 장기간 투자하기 어려운 환경이라면
가치투자자 스타일은 하기 어렵다.

여윳돈이 생겼는데,
이걸 어디에 투자할까?

너 3개월 뒤에
등록금 내야 하는 거 아냐?

Step 3. 나는 어떤 사람인가? 지신의 성격을 돌아본다

〈트레이더에 어울리는 성격 및 패턴〉

급한 성격. 매수하려는 종목이 상승하고 있을 때
조정을 기다리는 것이 너무나 힘들다.
보유한 종목이 횡보하는 경우 답답하다.
계좌에 마이너스인 종목을 참을 수 없다. 팔아서 지워버린다.

추격매수!
에잇, 짜증 나.
손절이다!

〈가치투자자에 어울리는 성격 및 행동 패턴〉

자기 확신이 강한 편. 트레이더에 급한 성격이 어울린다고 해서
가치투자자에 느린 성격이 적합하다는 것은 아니다.
때로는 고집이 세다는 말을 듣는 성격이 적합하다.
보유한 주식의 가격이 단기에 안 오르고, 다른 사람들이 비웃더라도
견딜 수 있는 인내심과 확신이 있다.

이제 팔랑 귀로 날아다닐 지경이네.
이리 갔다… 저리 갔다…
난 장기투자는 안 되겠다.
펄럭 펄럭

어떤 사람은 운전과 주식매매가 비슷하다고 말한다.

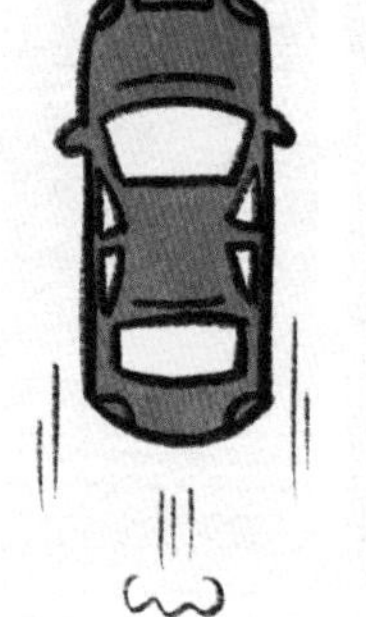
스피드가 최고지!

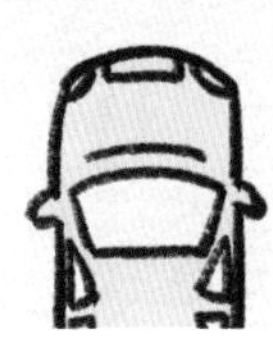
안전 운전 해야지.

성격이 급한 운전자도 있지만,

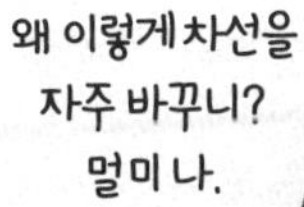
왜 이렇게 차선을
자주 바꾸니?
멀미 나.

막히잖아. 빨리 가야지.
이번에는 이 차선이 막히네.
차선 바꿔야 하나?

느긋하게 운전하는 스타일도 있다.
우리 차선만 너무 막히는데? 앞에 사고 났나? 옆 차선으로 가자.
바꿔봐야 결국 도착하는 시간은 비슷해. 오히려 지금 차선으로 가는 게 안전하고 더 빠를걸?

개인적인 경험에 비추어 봤을 때,
운전 스타일과 주식 스타일이 비슷한 경우도 많았다.
자신의 운전 스타일은 누군가 객관적으로 말해주기 전까지
잘 모른다는 맹점이 있지만.

난 진짜 안전 운전하는 스타일이야!
앞 좀 봐.
어, 문자 왔네.

Step 4. 자신의 재무 상태를 고려한다

트레이더는 주식을 보유하는 기간이 짧고,
손절 가격이 확실하기 때문에 주식매매 규모를 크게 할 수 있다.
때로는 강한 확신이 들 때 대출을 쓰기도 한다.
(이럴 때는 목표 가격, 손절 가격을 확실히 지키는 것이 중요하다.)

오르건 내리건
내일 팔 건데 뭐….
좋았어!
여기에는 큰 금액을
넣어보자.
신용
대출

앞서 언급했지만 20, 30대의 경우 장기투자를 했다가
갑자기 돈이 필요해서 낭패를 보기도 한다.
아직 재무 상태가 안정되지 않은 사람은 장기투자를 할 때
상대적으로 작은 규모의 돈으로 시작하는 것이 바람직하다.

장기투자의 또 다른 묘미는
주가가 빠질 때
분할매수 하는 것이지.
매수
매수
매수
매수

Step 5. 자신이 생각한 스타일에 맞는 공부를 시작한다

트레이더, 가치투자자 둘 중 어느 한쪽이 더 적합하다는 생각이 들었다면, 일단 그에 맞는 공부를 해본다. 다른 성향의 책은 볼 필요 없다.

차트 매매
주식 관련 책
가치투자
반대편은 보지 말자.

Step 6. 이제 실전을 통해 스타일을 파악하자

공부를 했다면, 자신의 스타일을 확실히 파악하기 위해 소액으로 실전 매매를 해본다.

트레이더 : 몇 시간, 하루, 또는 일주일 이하로 보유하면서 매매한다.

가치투자자 : 최소 6개월 이상 투자한다는 마음으로 매수한다.

공부 다 했으면 이제 실전입니다.

돈을 잃을까 겁이 난다면
증권사의 '모의투자 계정'을 이용해보는 것도 좋다.
대부분의 증권사 HTS(Home Trading System)에서 모의투자를 할 수 있다.
단, 증권사에 따라서 3개월, 6개월마다 모의투자 계정이
리셋되는 경우도 있으니 장기투자를 연습할 때는 주의하자.

연습에 최적화된
시스템이죠!
증권사 앱
모의투자

Step 7. 성과를 평가한다

투자일지와 수익률을 보면서
자신이 선택한 스타일대로 잘하고 있는지 평가한다.
수익률도 중요하지만 '스타일을 유지하고 있는지'가 더 중요하다.

꾸준함이
중요하지….

트레이더 스타일의 경우 단기간에 결과가 나오지만,
가치투자자의 경우 1년, 2년이 걸릴 수도 있다.
스타일 파악에 오랜 시간이 걸리는 것 또한 리스크이므로
일단 6개월 ~1년 정도의 기간 안에 평가해보자.

우리는 금방 알지만….
일단 6개월 단위로
투자해보세요.
D-180

마음에 드는 결과가 나왔는가?
만약 아니라면 처음에 설정한 것과 반대의 스타일에 도전해보자.
즉, 다시 Step 5로 돌아간다.

난 틀렸어…. 나랑 주식은 안 맞나 봐.
다른 스타일로 다시 해보라니…
힘들어 못 해 먹겠다.
너도 포기니?

사실 대부분 이 단계에서 포기하게 된다.

뭐야. 실컷 단기투자 공부했는데….
안 맞으니 다시 가치투자 공부하라고?

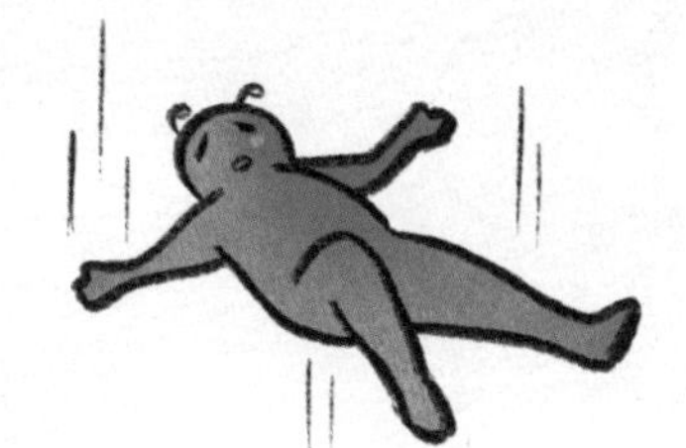

연습하는데 벌써 돈 까먹었네.
이렇게 하는 게 맞긴 맞는 거야?

돈 버는 일은 모두 다 힘들다.
주식이라고 쉬울 줄 알았다면 오산이다.
운 좋게 처음 한두 번은 돈 벌 수 있지만
꾸준히 주식으로 돈 벌려면 노력이 필요하다.

돈

지금까지의 순서를 이행하다 보면 수익률이 만족스럽지 못하더라도
최소 '나는 어떤 스타일이 맞구나.' 정도의 감은 잡힐 것이다.

단기투자네.
엇? 이게
내 스타일인가?

또한 2가지 스타일 모두 공부하고 실전 매매를 해봤다면
주식투자에 대한 대략적인 지식도 쌓였을 것이다.

혹시 이렇게 한 이후에도 자신의 스타일을 모르겠다면,
그때는 1개월 또는 2개월 단위로 끊어서 주식을 매매해보자.

단타 매매도 해봤고 장기투자도 해봤는데,
도무지 내 스타일을 모르겠어.
둘 다 수익률이 별로야.
스타일을 지키는 것도 힘들고….
그럼 투기자 스타일일 수 있겠네요.
한 달 단위로 끊어서 주식매매를 해보세요.

예를 들어 1월 1일에 어떤 종목을 샀다면,
2월 1일 또는 3월 1일에 무조건 팔면서
수익을 내는 연습을 하는 거예요.
끊어서….
1월 2월 3월

이는 당신이 투기자 스타일에 맞는지 알아보는 좋은 방법이다.

2. 자신의 주식 스타일을 알기 위해 유용한 TIP들

A. 반드시 투자일지를 쓰자

앞서 '예상'을 잘하기 위해서는 '요인'을 분석하고 그것을 바탕으로 올바른 '가정'을 세우는 것이 중요하다고 이야기했다.

가정?
이걸 어떻게 놓지?
가정
요인

가정이 만들어졌으면 그것을 바탕으로
예상을 하고 실행에 옮기는 것이 주식매매다.
매매는 성공하면 수익을, 실패하면 손실을 주는데
이 결과를 바탕으로 전체를 돌아보는 것이 바로 '검증'이다.

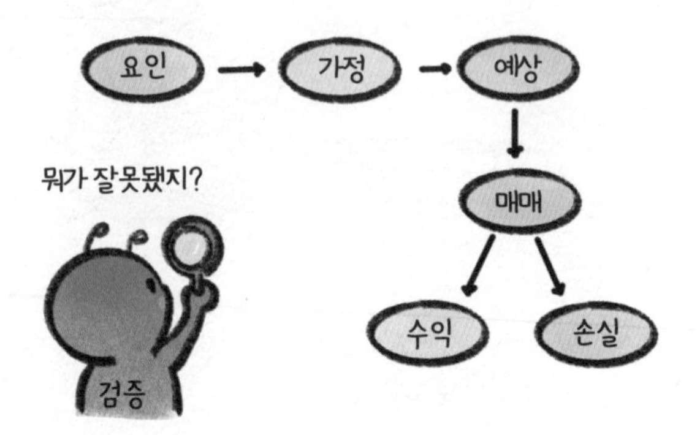
요인
가정
예상
매매
수익
손실
뭐가 잘못됐지?
검증

요인의 선택부터 결과까지 기록한 것이 바로 투자일지다.
투자일지가 있어야 검증이 가능하다.
예상이 틀렸다면 틀린 이유도 적어본다.
맞았다면 돈을 벌었다는 기쁨과
내 예상이 맞았다는 성취감이 함께할 것이다.

투자일지?
어떻게 쓰는 건데?

투자일지는 앞서 언급한 예상의 과정을 날짜별로 기록하면 된다.
과거 튠개미의 투자일지 중 일부분을 보자.

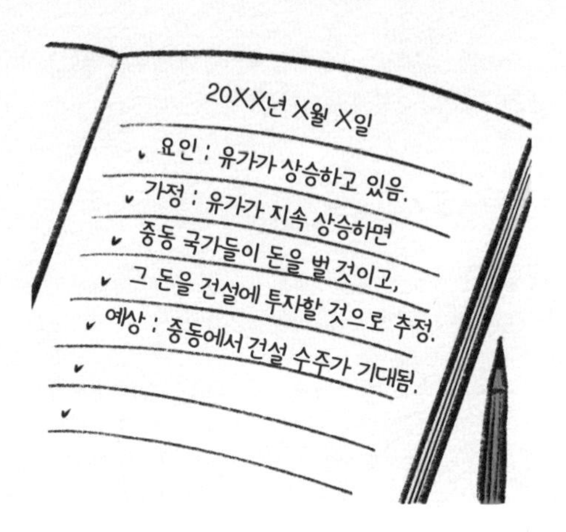
20XX년 X월 X일
요인 : 유가가 상승하고 있음.
가정 : 유가가 지속 상승하면
중동 국가들이 돈을 벌 것이고,
그 돈을 건설에 투자할 것으로 추정.
예상 : 중동에서 건설 수주가 기대됨.

투자일지를 보면 건설주 투자에 대한 요인과 가정이 적혀 있다.
예상이 끝났다면 종목을 선택하고 매매 단가를 적는다.

• 요인 : 유가 상승 지속.
• 가정 : 유가 상승이 중동지역 건설을 촉진시킬 것.
• 매도 목표 : 수주가 나올 때.
목표 가격도 같이 적어놓자!
중동 건설 수주가 예상되니 중동 건설을 잘하는 XX건설을 0000원에 매수하자.

*투자일지 작성의 이해를 돕기 위해 단순화한 예일 뿐, 실제 주식투자를 위한 추천이 아닙니다.

정리해보면,

요인	유가가 상승하고 있고, 예측 기관에서 계속 오를 것이라고 예상함.
가정	유가가 상승하면 중동지역 국가들의 재정이 좋아지고 (미뤄왔던) 건설에 투자할 것.
예상	과거 중동지역 건설 수주가 많았던 건설사 중, 저렴한 종목을 매수하면 수익이 날 것.
매매	XX건설을 0000원에 매수. 첫 중동 건설 수주 뉴스에 매도 목표.
검증	4개월 뒤 중동 건설 수주 뉴스가 나옴. 20% 수익 실현.

투자 과정을 자신이 나중에 살펴보기 쉽게
정리해놓은 것이 바로 '투자일지'다.

투자
일지
이 건설주 투자는
중동 건설 수주 뉴스를
이용한 중기투자구나.
투기자의 매매네….

투자일지를 안 쓸 것이라면 차라리 주식투자를
안 하는 게 나을 정도로 투자일지 쓰는 습관은 중요하다.

앞서 투기자 스타일의 예를 들었지만
다른 주식 스타일의 예를 들어본다면….

요인	거래량이 증가하면서 골든크로스가 나는 종목은 단기로 추가 상승할 수 있음.
가정	요즘 테마주 중 위의 요인에 맞는 차트를 찾아서 매매하면 수익이 날 것.
예상	최근 테마인 바이오 종목 중에서 골든크로스가 나는 XX바이오를 매수.
매매	XX바이오를 골든크로스 단가인 0000원에 매수. 5% 수익 목표. -2% 손절 목표.
검증	4% 수익 시점에 매도.

트레이더의
투자일지구나….

*골든크로스 : 주식시장에서 단기 이동평균선이 장기 이동평균선보다 상향하는 것.

가치투자자의 예도 들어보자.

요인	회사가 보유한 순현금 가치와 시가총액이 비슷한 회사를 발견.
가정	회사의 시가총액은 순현금 가치 이하로는 내려가지 않을 것. 손실 가능성 낮음.
예상	XX산업은 보유 순현금과 시가총액이 비슷. 언젠가 회사의 사업 가치가 드러나면 주가가 크게 상승할 것으로 예상.
매매	XX산업을 0000원에 매수. 사업 가치가 시장에서 주목받을 때 매도 목표.
검증	2년 뒤 XX산업이 하는 사업의 성장성이 언론에 보도되며 60% 상승 차익 실현.

*순현금 가치 : 기업이 보유한 총 현금성 자산에서 재무제표상 부채 총계를 뺀 자산의 가치.

지금까지 투자일지 쓰는 법과
투자 과정(요인, 가정, 예상, 매매, 검증)에 대해 다뤄봤다.
다양한 스타일의 매매에 도전해보고, 투자일지를 쓰다 보면
실제 성공한 매매가 어떤 스타일에서 상대적으로 많았는지 알 수 있다.

나의 투자일지
넌 장기투자할 때가
수익률이 좋더라.

B. 평소 관심 있는 회사, 산업부터 시작한다

초보 개미를 위한 또 하나의 팁.
자신이 평소에 잘 알고, 관심 있는 산업이나 회사를 선택하면 좋다.

당신의 모든 것을
알고 싶어요.

관심이 있으면 자세히 알게 된다.

첫 투자는 나에게 익숙한 회사를 통해 시작해보자.
처음부터 신재생에너지, IT, 바이오 등
거창한 산업에 투자하고 싶겠지만, 기초 지식이 없는 상태에서는
테마주 트레이더의 먹잇감이 될 확률이 높다.

미끼를 물면
바로 팔아야지.
요새 신성장이
대세라던데 사볼까?

예를 들어, 화장품에 관심이 많은 사람은
자신이 애용하는 화장품 회사부터 투자해보자.
그렇게 하면 요인과 가정을 세우는 연습이 좀 더 수월할 수 있다.

이번에 새로 나온
이 제품 좋은데?
많이 팔리면
주가가 오를까?

그렇게 경험이 쌓이면 다른 산업으로 영역을 넓힐 수도 있다.
트레이더의 경우에도 처음 연습 때
내가 아는 산업, 회사를 택하는 것이 상대적으로 많은 공부가 된다.

화장품 회사의 매매는
이제 좀 알았으니
다음에는 의류 회사에
도전해볼까?

이렇게 다른 산업으로 영역을 넓힐 때는
1) 평소 관심 있는 범주로 한정하여
(화장품과 의류는 모두 패션이라는 커다란 범주에 속한다)
2) 산업을 움직이는 요인을 쉽게 파악할 수 있고
(산업 관련 정보를 공부하지 않아도 어느 정도 아는 경우)
3) 주변에 조언을 구할 수 있으면 좋다.

친구야, 너 의류 수출 회사 다니지?
요새 상황은 어때?
너네는 언제 가장 바빠지니?

지인에게 물어보는 것은 실제로
애널리스트나 펀드매니저가 많이 사용하는 방법이다.
(일반적인 회사 상황에 대한 정보를 얻는 것일 뿐,
기밀이나 특별 정보에 대한 부당한 획득, 유포는 주의해야 한다.)

친구네 회사 요즘
영업 상황이 어떻대?
나도 잘 몰라.

주변에서 정보를 얻기가 어려운 개미들은
일반적으로 애널리스트의 보고서를 분석하면 좋다.
애널리스트 보고서 분석 방법을 뒤에서 소개하겠다.

3. 주식 스타일을 찾았다면 명심해야 할 것들

A. 수익률보다 꾸준함이다

초기 수익률이 낮은 것은 상관없다.
투자일지를 꾸준히 쓰면서 연습 기간을 보냈다면
당신은 본격적으로 주식을 시작할 자격이 있는 사람이다.

수익률은 별로여도
나한테는 이 스타일이
더 잘 맞는구나.
주식 초보
시절
애벌
하루

만일 단타 매매와 장기투자, 둘 다 연습했는데도
도저히 자신의 스타일을 모르겠다면
당신은 투기자일 확률이 높다.

투기자 스타일이세요?
반가워요!
저와 함께 수익률 극대화를 위해
열심히 공부해봐요.

흔들리지 않고 지속할 수 있는, 자신한테 맞는 주식 스타일을 알면
필요 없는 정보를 걸러낼 수 있다.
따라서 뇌동매매나 실수를 줄이게 된다.

이 테마주가 단기투자로 좋대.
근데 너 귀가 작아진 것 같다?
나한테는 장기투자가 맞으니까….

B. 자신의 스타일에 맞는 공부에 집중한다

주식 스타일을 정했다면 나에게 맞지 않는 스타일은 과감히 버린다.
그와 관련된 공부는 할 필요 없다.

나는 장기투자 스타일로 정했어.
이제 가치투자에 관한 책만 공부해야지.

Value
가치투자

매매 타이밍
차트 분석
휴지통

경험이 쌓이다 보면 자연스럽게
다른 스타일의 매매도 조금씩 익히게 된다.

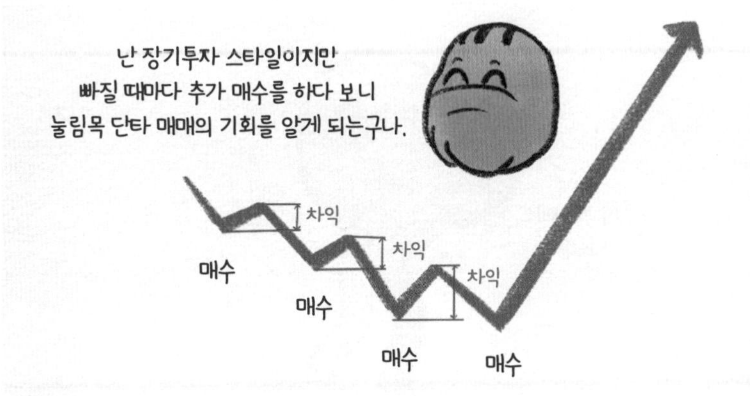
난 장기투자 스타일이지만
빠질 때마다 추가 매수를 하다 보니
눌림목 단타 매매의 기회를 알게 되는구나.
차익
차익
차익
매수
매수
매수
매수

C. 초조해하지 말자

초보 개미들은 주식투자를 늦게 시작해서
남들은 이미 부자가 됐고 자신만 뒤처지고 있다는 생각에
불안해하는 경우가 많다.

START
다들 이미 출발했나 봐.
나만 늦은 건가?

그런 초조함 때문에
자신의 주식 스타일을 알고 실력을 키우기보다,
불확실한 정보와 리딩방에 떠도는 이야기를 듣고 휘둘려
무리한 투자를 하다가 실패하는 것이다.

신용대출
지금은
이 종목에
투자해야~
늦었으니
따라잡으려면
어쩔 수 없다.
오직 영끌뿐!

특히 상승장의 끝 무렵에 투자한 개미일수록
이번 기회를 못 잡았다는 초조함에 무리하게 투자하는 경우가 많다.
그러나 꼭 명심하자. 실력만 있으면 기회는 꼭 다시 온다.

놓쳤네ㅠ
어쩌지?
BUS
다음 버스가
곧 도착합니다.

(국가 간의 차이는 있겠지만) 앞으로 긴 시간
전 세계에 노령화, 저성장 기조가 지속될 가능성이 크다.
따라서 주식투자는 노후 준비를 위해,
제2의 직업처럼 해야 할 모두의 평생 과업일 것이다.

우리는 갈수록 늙어가는데,
노후 준비는 어떡하지?

따라서 지나간 기회를 보며 후회하거나
주식투자에 성공한 타인을 보며 부러워하기보다는
내 실력을 키워서 '다음 기회'를 붙잡는 것이 중요하지 않을까?

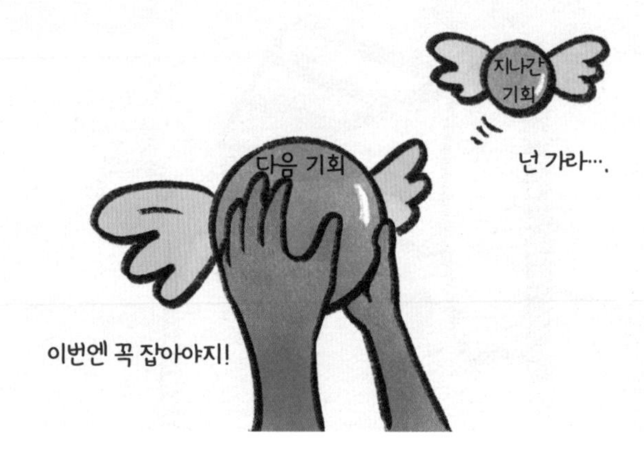
지나간 기회
넌 가라….
다음 기회
이번엔 꼭 잡아야지!

주식 스타일에 대한 이해가 없으면 주식투자에 대한 이야기도 잘못 이해할 수 있다.
주식 전문가들이 똑같은 이야기를 하더라도
스타일에 따라 그 의미는 달라지기 때문이다.

난 시장 안 좋아 보여.

같은 말이지만 정확히 어떤 의미를 담고 있는지 살펴보자면….

〈트레이더〉

전반적인 수급이 매도 우위잖아.
당분간은 하락할 가능성이 높아 보여.

나 며칠간
낚시 좀 다녀올게.

〈투기자〉

3~6개월 정도의 경기가 좋지 않을 것 같군.
당연히 그 영향으로 기업 실적도 예상을 밑돌겠지?
주식시장 참여자들의 기대치가 꽤 내려와야겠네.
그때까지는 현금을 보유하는 게 좋을 것 같아.

주식 비중도 줄여놨으니
몇 달 쉬자.

〈가치투자자〉

웬만해서 시장을 안 좋게 보진 않는데, 금리가 너무 올랐어.
지금부터는 주식에서 기대할 수 있는 수익보다
채권 수익률이 더 좋을 것 같아.
어쩌면 금융위기가 올지도 모르고. 1, 2년은 놀아야겠다.

채권 사놓고 등산이나 다녀야지.
새로운 산업에 대해 공부 좀 해볼까?

추천 종목에 대해 들을 때에도 그 의미를 잘 이해해야 한다.

이 종목이
좋아 보이네요.

하루 씨는 트레이더니까,
차트 잘 보고 있다가 거래량이
터지면 사야겠다.
5% 수익을 목표로 하고,
5일 이평선을 이탈하면
바로 손절해야지!

이 종목, 실적도 좋아질 것 같고
전망이 밝아 보이네요.
저는 매수했어요.

추천한 지 일주일이나 지났는데,
오히려 마이너스잖아!
주식 잘하는 사람 맞아?

이렇게 오해하면 안 된다!
그는 중기투자의 관점에서 제안한 것이니까.

즉, 주식 스타일에 대한 이해가 있으면
추천 종목에 대한 매매 전략도 함께 이해할 수 있다.

이 종목은 결국
우상향할 것 같아요.

이 종목은 미래를 생각했을 때
지금 매우 싸거나
장기적 전망이 밝다는 얘기구나.
천천히 공부해보고 몇 달 동안
조금씩 분할매수해야지.

상대방의 주식 스타일을 모르고 무작정 투자했다가
비자발적 장기투자로 이어지는 경우는 이제 없기를!

제가 며칠 전에 이 종목 추천했었죠?
그 뒤로 단기 고점까지 9%나 올랐는데,
뉴스 나올 때 잘 팔았죠?

엇, 들고 있는데요….
지금은 하락장이라서 손실 구간이에요.
계속 들고 있으면 언젠가 수익 나겠죠?

조금이라도 올랐을 때 팔걸…….
장기투자 해야 하나…?'

진입금지
가즈아!

감정이나 희망이 아니라 원칙에 따라 매매해야 한다.
사람들이 거액을 잃는 가장 큰 이유가 바로 원칙을 위반했기 때문이다.

– 빅터 스페란데오

PART 5.

나의 주식 스타일에 맞는 공부는?

1. 주식의 주요 요인 4가지

주식투자는 곧 현재를 설명하는 요인이 어떻게 움직일지 가정을 세워 예상하는 행위라고 했다. 이와 함께 주요한 요인 4가지를 함께 소개했다. 그렇다면 초보 개미들이 요인을 이해하고 올바른 가정을 세우는 방법은 무엇일까?

내 스타일은 알겠는데,
이제 뭘 어떻게 공부하지?
산업 동향
수급
기업 실적
거시 경제

애석하게도 각각의 요인을 설명하는 데 책 한 권 분량 이상이 필요하다. 따라서 이 책에선 각각의 요인에 대한 간략한 소개와 접근법 정도만 다루겠다.

유튜브 강좌, 좋은 책 등
공부할 수 있는 자료는 많아요!
어떻게 공부하지?
이 책에서 모든 내용을
다루는 것은 무리니까….

A. 수급 및 차트

증권사 HTS에서 찾아보면
종목별, 시장별(코스피, 나스닥, 선물, 옵션)로
각 투자 주체(외국인, 기관, 개인 등)의 매매 동향을 볼 수 있다.
공매도 동향도 쉽게 알 수 있다.

오호, 이 종목은 최근 5일간
외국인이 계속 사고 있네?
내가 모르는 호재가 있나?
외국인이 더 살까?

과거 수급의 히스토리를 한눈에 파악하기 좋은 것은 차트 분석이다.
이미 차트 분석에 대한 다양한 책들이 서점에 많다.
초보라면 **'캔들 차트와 이동평균선' '볼린저 밴드'** 'RSI'부터 공부해보자.
한 걸음 더 나가면 **'일목균형표'**도 도움이 된다.

이 4가지 차트가 (툰개미 경험상)
펀드매니저들이 가장 많이 참고하는 지표다.

너희는 차트 볼 때 뭘
제일 많이 보니?
RSI?
볼린저밴드나
이평선….
일목균형표요.
<펀드매니저>

주식매매를 할 때, 이 각각의 차트 중
한 종류만 보고 결정하기도 하지만
여러 차트를 보고 종합적으로 판단할 수도 있다.

난 주식매매할 때
이동평균선만 봐.

난 차트 4개 정도는
보고 결정해.

<캔들 차트>

하루 또는 일정 기간의 주가 움직임을 캔들 하나로 표현한 차트.
시가, 고가, 저가, 종가 등의 정보를 단번에 알 수 있다.
한 종목의 캔들 차트를 보면 주가가 어떻게 움직였는지 쉽게 파악된다.

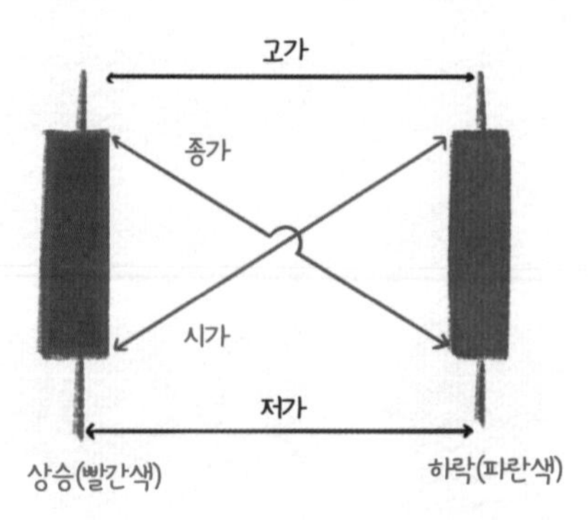
고가
종가
시가
저가
상승(빨간색)
하락(파란색)

예를 들어, 어떤 종목의 시가가 1,000원이었고
장중에 1,200원까지 상승했다가 종가가 1,100원이라면
캔들로는 이렇게 표현된다.

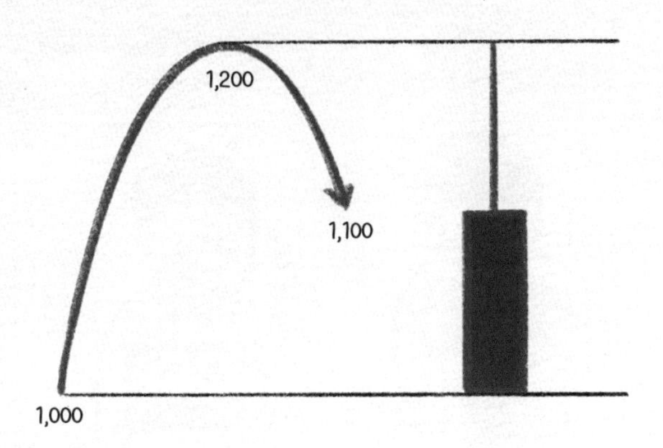
1,200
1,100
1,000

〈이동평균선〉

정해진 기간의 평균값을 연결한 선.
예를 들어, 5일 이동평균선은 오늘부터 역순으로 5일간의 종가를 평균한 선이다.

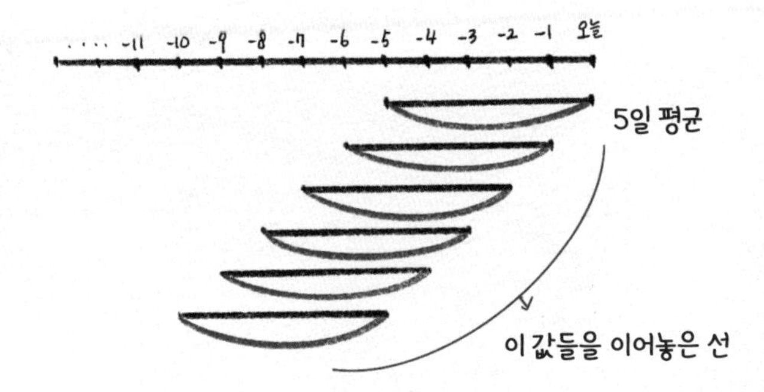
-11 -10 -9 -8 -7 -6 -5 -4 -3 -2 -1 오늘
5일 평균
이 값들을 이어놓은 선

단타로 매매하는 트레이더들은 주로
5일 이동평균선(단기매매선)이나 20일 이동평균선(심리선)을 참고한다.
자신의 매매 주기에 따라 다양한 이동평균선을 사용할 수 있다.

난 매일 5분
이동평균선을 보는데….

60일 이동평균선(수급선)을
참조해도 좋더라고.

앞서 잠깐 언급되었는데, 골든크로스란
단기 이동평균선(5일)이 중장기 이동평균선(20일, 60일)을 뚫고
위로 올라가는 상황을 말한다.
흔히 단기매매에서 주가 상승 신호로 해석된다.

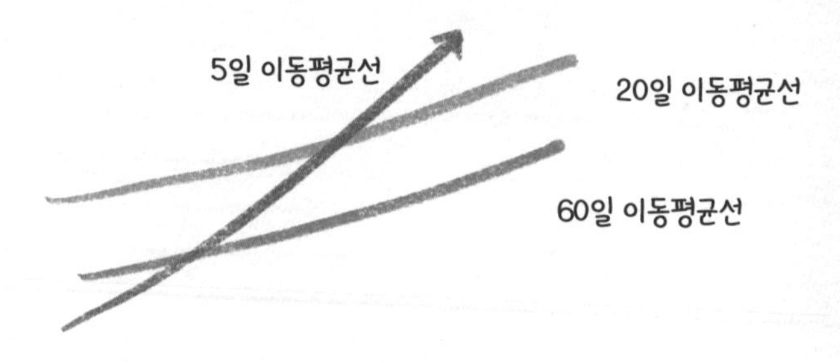
5일 이동평균선
20일 이동평균선
60일 이동평균선

과거에 주식을 샀던 사람들의 평균 매입가보다
더 높은 가격에 사람들이 주식을 사고 있다는 뜻이지!

반대로 현재 주가가 중·장기 이동평균선(20일, 60일) 아래라면
과거에 매수한 사람들의 평균 매입가보다 현재 가격이 낮다는 의미다.
자칫하면 추가 가격 하락이 손절매를 부를 수 있는 상황이다.
(도미노 손절매)

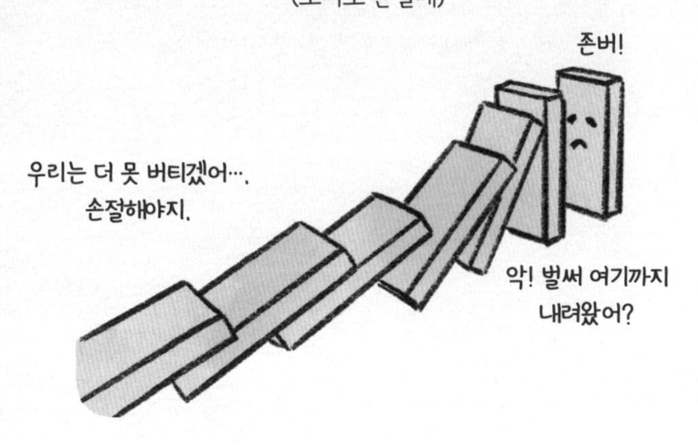
존버!
우리는 더 못 버티겠어….
손절해야지.
악! 벌써 여기까지
내려왔어?

볼린저 밴드

1980년대 초 존 볼린저라는 투자전문가가 만든 지표.
주가의 변동이 표준정규분포 함수에 따른다고 가정하고 주가를 따라 밴드를 만든다.
중심선(평균), 상한선(표준편차X2), 하한선(표준편차x2)을 그리면
주가는 90% 이상의 확률로 이 볼린저 밴드 내에서 움직이게 된다.

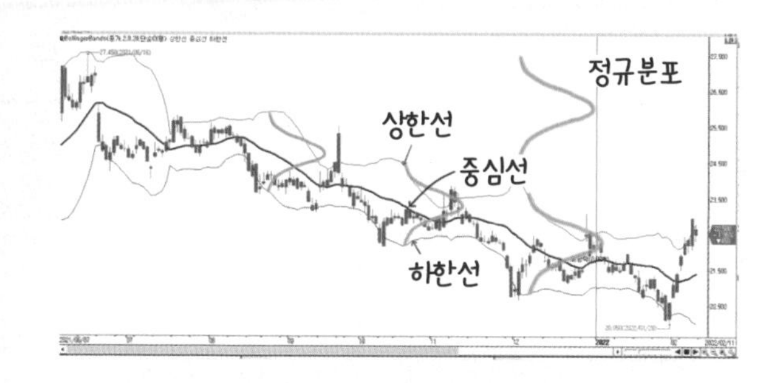
정규분포
상한선
중심선
하한선

주가가 볼린저 밴드의 상한선 또는 하한선에 다다르면
기존 정규분포 안에서 발생할 수 있는 값 바깥에 가까이 도달했다는 의미다.

이 움직임은 과거 데이터와 비교했을 때 매우 드문 확률인데?
다시 평균으로 수렴하겠지.

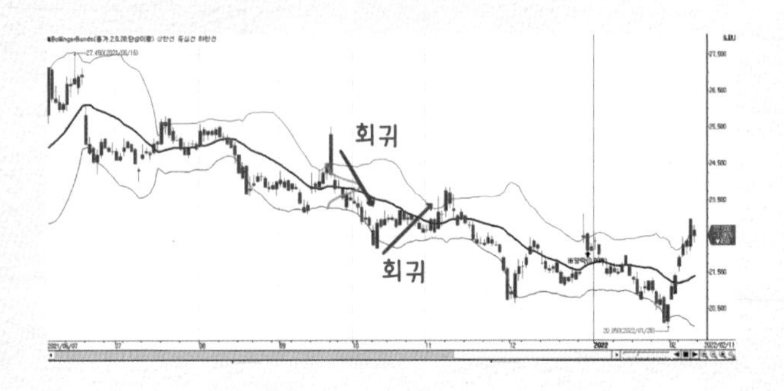

회귀
회귀

즉, 다시 평균으로 회귀하거나(반등, 반락)
아니면 새로운 정규분포를 만들게 된다(돌파)는 의미로 받아들인다.

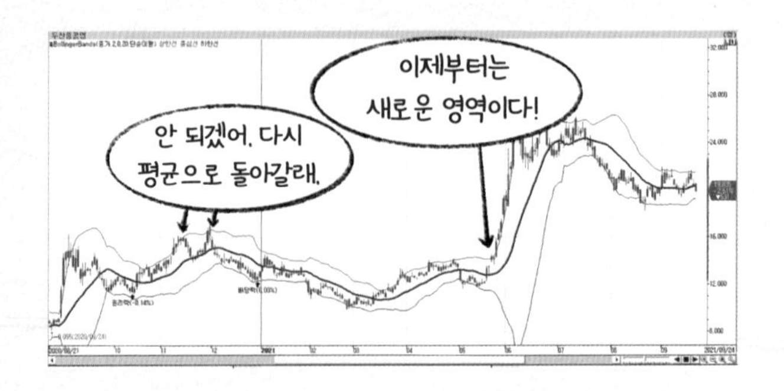

안 되겠어. 다시
평균으로 돌아갈래.
이제부터는
새로운 영역이다!

일정한 패턴, 그리고 그보다 더 복잡한 상황들이 존재하지만
내용이 어려워지므로, 관심이 있다면 따로 공부해보자.

〈RSI(Relative Strength Index) 상대강도지수〉

일정 기간 주가의 상승과 하락의 상대적인 강도를 나타내는 지표.
RSI 값이 클수록 주가의 상승 강도가 크다는 뜻이고,
반대로 작을수록 주가의 하락 강도가 크다는 뜻이다.
0%~100% 사이의 값을 가지며
대개 70% 이상일 때 과매수, 30% 이하일 때 과매도로 해석한다.

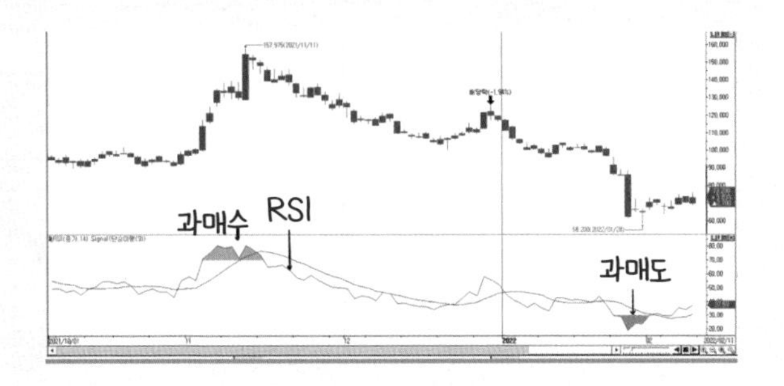
과매수
RSI
과매도

RSI 활용의 예를 들어 보자.
추세추종 트레이더 스타일인 하루 씨는 일일 주가 기준 RSI가 70%를 상회하는 종목,
주간 주가 기준 RSI가 50~70% 사이에 있는 종목을 선호한다.

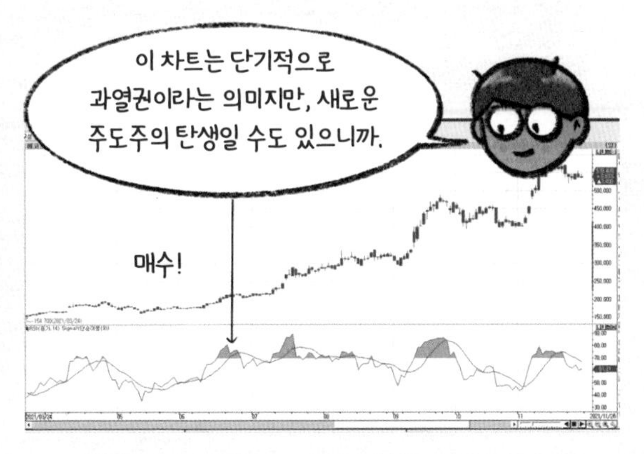
이 차트는 단기적으로 과열권이라는 의미지만, 새로운 주도주의 탄생일 수도 있으니까.
매수!

*물론 실전에서는 다양한 보조 지표를 함께 보는 경우가 더 많다.

RSI는 트레이더뿐만 아니라 다른 스타일의 투자자에게도 참고 자료로 쓰인다.
가치투자자 애벌 씨는 일일 및 주간 주가 기준 RSI가
30%를 하회하는 종목 중에서, 망하지 않을 종목을 찾아 매수하기도 한다.

이 종목은 주가가 빠져도 너무 많이 빠졌네.
공부해보고 망하지 않을 회사라면 사야지.
언젠가는 상승할 거야.

〈일목균형표〉

매수와 매도의 균형이 무너진 방향으로 가격이 움직인다는 생각에 근거해
지금의 주가 추세를 판단하는 데 도움이 되는 지표.

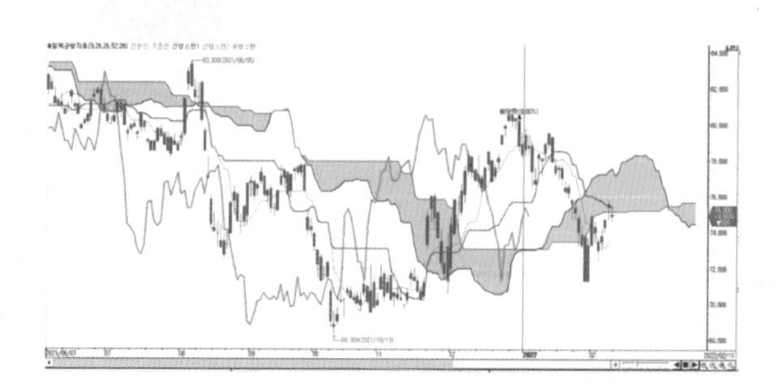

과거의 최고가, 최저가 및 현재 주가를 바탕으로
전환선, 기준선, 선행 스팬, 후행 스팬, 구름대를 만들고
이를 분석해서 주가의 추세를 파악하는 지표다.
시간의 개념을 도입한 기술적 분석이다.

상승 추세
후행 스팬 > 주가 > 구름대, 기준선

하락 추세
후행 스팬 < 주가 < 구름대, 기준선

후행 스팬이 구름대와 현재 주가를 상향 돌파하면 상승 추세임을 의미한다.
반대로 후행 스팬이 구름대와 현재 주가 밑으로 내려오면 하락 추세로 해석한다.

때로 증권방송에서 일목균형표 또는 다른 차트를 통해 주가를 설명하는데,
이것을 어려워하는 사람들이 많다.
괜찮다. 누구나 처음엔 어려워한다.

일목균형표에서 중요한
후행 스팬과 구름데의 의미를
모르면 주식 하지 마세요!

전문가

저게 무슨 말이야?
역시 나는 주식 하면
안 되는 걸까?

그러나 너무 걱정하지 말자.
트레이더 스타일이 아니라면 몰라도 된다.
성공한 가치투자자 애벌 씨도, 일목균형표에 대해 잘 모른다.

신입 펀드매니저 때
공부 좀 했는데, 잘 안 봐서
이제 다 잊어버렸어.

물론 투기자, 가치투자자도 기술적 지표를 참고하면 좋지만,
말 그대로 참고일 뿐이다.

특히 기술적 지표를 이용한 단기매매에서 주의할 점은
거래량이 충분히 많은 종목에서 매매해야 한다는 점이다.
거래량이 충분해야 특정 세력에 의해서 차트가 왜곡될 가능성이 낮고,
매매가 자유롭기 때문이다.

난 손절하더라도 가진 물량 전체를 한두 호가에 팔 수 있을 정도로
거래량이 많은 종목만 매매하는 원칙이 있어.
그 정도 거래는 돼야 차트도 믿을 만하고….

지키자.
원칙

B. 기업 실적

기업의 실적은 투기자와 가치투자자 모두에게 중요하지만,
포인트가 조금 다르다.

투기자는 현재 시장 참여자가 기대하는 실적(컨센서스) 대비
다음이나 그다음 분기의 실적이 얼마나 잘 나올 것인가에 초점을 둔다.

분기
실적?

다음 분기 실적이
어닝 서프라이즈일까?
이미 컨센서스도 많이 올라왔네….

*어닝 서프라이즈 : 기업의 실적이 예상치보다 좋을 경우 시장이 받는 충격.

반면, 가치투자자는 기업의 근본적인 경쟁력에 관심을 둔다.
설령 다음 분기 실적이 기대보다 좀 안 좋더라도
실적의 장기적인 방향성에 관심을 둔다.

이번 분기 실적 개선 폭이 시장 컨센서스에
못 미쳐서 주가가 빠지고 있구나.
하지만 이 추세대로 간다면 내년 이후 이 주식은
매우 싼 주식이 될 것 같은데….

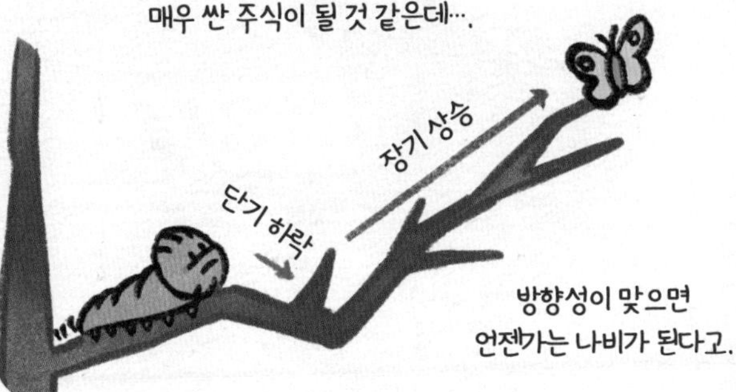
장기 상승
단기 하락

방향성이 맞으면
언젠가는 나비가 된다고.

그렇다면 기업의 실적은 어떻게 예상하는 것일까?

한 기업의 실적에 영향을 주는 요인은 다양하다.
매출, 원재료 가격, 판매관리비, 환율, 경쟁력(시장점유율) 등….
그 많은 요인을 개미가 일일이 파악하는 것은 쉽지 않다.

내가 사장도 아닌데 이걸 일일이
어떻게 다 알아?
회계 자료

이럴 때 증권사 애널리스트의 보고서를 참고하면 된다.
대부분의 증권사가 리서치 자료를 작성하여 고객들에게 무료로 제공하고 있다.

증권사 홈페이지에서
자료들을 쉽게
볼 수 있구나.

따라서 처음 주식계좌를 만들 때
리서치가 강하고 자료가 풍부한 증권사를 선택하는 것이 도움이 된다.

여기서 잠깐!

〈증권사 보고서를 보는 방법〉

(1) 애널리스트 보고서는 어떻게 읽어야 할까?

증권사 보고서의 '투자 의견'이나 '목표 주가'는 가볍게 넘겨도 괜찮다.
펀드매니저들도 전혀 신경 안 쓴다.

언제는 투자 의견이
BUY가 아닌 적이 있었나?
목표 주가도 그냥 목표일 뿐….

투자 의견은
BUY고
목표 주가는….

애널리스트의 보고서를 무조건 불신하는 사람들도 있다.
투자 의견과 목표 주가가 실제와 종종 어긋나기 때문일 것이다.

BUY라고 했는데
정작 기관은 매도 중이네!
이런 보고서는
필요 없어!
그게 중요한 게
아닌데….

간혹 누리꾼들이 애널리스트의 투자 의견과
목표 주가 추이를 분석해 놓은 것을 보곤 한다.
증권가에서 웬만큼 일하면 이런 분석이 무의미하다는 것을 알게 된다.
다시 한번 말하지만 투자 의견, 목표 주가는 큰 의미 없다.

이번 보고서를 보았을 때 매수 의견은 2년간 유지되고 있으며,
최근 나온 전체 증권사 컨센서스와 비교했을 때 비슷한 상태다.
목표 주가는 지난 보고서보다 5% 상향됐다.
이는 다른 증권사 보고서 평균보다 높은 수치다.

그게 무슨
의미가 있니….
어차피
잘 안 맞는데.

증권사 보고서를 볼 때 중요한 것은 그 보고서에서 다루는 요인과 가정이다.
애널리스트는 자신의 보고서에 그 종목의 주가를 움직이는
중요한 Key factor, 핵심 요인에 대해 자세히 설명하기 때문이다.

삼성전자 분석 보고서

삼성전자의 반도체 사업부 실적은 개선될 것으로 예상된다.
그 이유는 메모리 반도체 고정거래 가격이
상승할 것이기 때문이다.
지난 한 달 동안 반도체 현물 가격은 지속적으로
상승(요인)했기 때문에
고정거래가격도 따라서 상승(가정)할 가능성이 높다.
고정거래가격의 상승은 실적 개선으로 이어질 것이다.

애널리스트의 '탐방 보고서'는 짧은 내용이지만
최근 회사의 매출 동향, 원재료 가격 추이, 영업 외 손익 등
기업의 실적에 영향을 미치는 요인들의 현황을 간략하게 정리한 경우가 많다.
지금 당장 당신이 보유한 종목의 분석 보고서를 읽고,
그 안에서 요인과 가정을 찾는 연습을 해보자.

요인은 빨간색,
가정은 파란색
체크다.
XX화학 보고서

이해하기 어려운 단어가 나오면 찾아서 공부하면 더 좋다.
이렇게 '요인'과 '가정'에 초점을 맞춰서 보고서를 읽는 연습을 하자.
숙달되면 투자 의견이 아닌 요인과 가정이라는 측면에서
신뢰할 만한 애널리스트를 찾을 수 있을 것이다.

흠, 지난번과
가정이 좀 다른데?

그 애널리스트가 쓴 요인과 가정이 어떻게 변화되었는지 흐름을 파악하면 된다.
즉, 애널리스트의 분석 보고서를 '분석'하는 것이다.

(2) 베스트 애널리스트는 어떻게 선정될까?

증권방송을 보다 보면 '베스트 애널리스트'를 본 적이 있을 것이다.
베스트 애널리스트는 어떻게 선정될까? 그들은 정말로 주가를 잘 맞출까?
증권업계가 아닌 사람들이 생각하기에 보고서의 목표 주가가
가장 정확한 사람이 베스트 애널리스트가 될 것 같지만 실상은 다르다.

현재 주가가 3만 원이지만
저는 베스트 애널리스트입니다.

목표주가
5만 원

베스트 애널리스트는 (대부분) 운용사 펀드매니저들의 투표를 통해서 선정된다.
앞서 언급했듯이 펀드매니저는 애널리스트 보고서의 목표 주가는 신경 쓰지 않는다.
그럼 무엇을 기준으로 투표할까?

뭐야? 인기투표야?

펀드매니저들은 주가를 맞추는 것을
애널리스트가 아닌 자신의 역할이라고 생각한다.

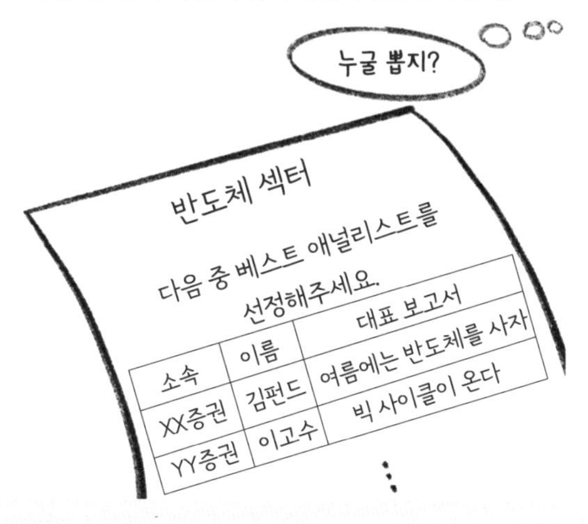
누굴 뽑지?
반도체 섹터
다음 중 베스트 애널리스트를
선정해주세요.
소속
이름
대표 보고서
XX증권
김펀드
여름에는 반도체를 사자
YY증권
이고수
빅 사이클이 온다

펀드매니저의 기준은 오직 하나.
앞서 언급한 요인들을 정확하게 파악하고 잘 팔로우하는지 여부다.
펀드매니저는 모든 산업을 봐야 하기에
산업별 주요 요인 변화를 일일이 체크하기 어렵다.

요인들
DRAM 현물
가격 동향
스마트폰
판매량 추이
글로벌
재고 추이
PC 판매 동향
기술 동향
보고서

그러므로 중요한 요인의 변화를 먼저 인지하고
미래에 대한 합리적인 가정을 세운 애널리스트라면
당연하게 베스트 애널리스트로 선정된다.
물론 그 애널리스트는 주가의 방향성도 잘 맞췄을 것이다.

산업 요인에 중요한
변화가 나타났습니다.
그 이유는 ~~ 때문이고,
따라서 앞으로 이러한 가정을
세워볼 수 있습니다.

개미도 마찬가지로
애널리스트의 보고서에서 요인과 가정을 찾아봐야 한다.
애널리스트가 세운 가정이 맞았는지도 체크해보자.
그렇게 분석했을 때 나에게 도움이 되는 애널리스트가 베스트 애널리스트다.

미국의 의류 재고(요인)가
현저히 낮습니다.
따라서 향후 미국의
의류 수입이 증가(가정)할
것입니다.
그럼 의류 수출
업체들의 실적이 좋겠네?(예상)

(3) 초보 투자자라면 분석 개시(Initiate) 보고서를 챙겨 보자.

분석 개시 보고서란 애널리스트가 그 종목 또는 산업에 대해
처음 쓰는 보고서를 말한다.
'분석을 개시한다'는 표현을 보고서에 쓰는 경우가 많다.

신고합니다!
이 산업의 분석을
명 받았습니다.
분석 개시

분석 개시 보고서를 쓰는 애널리스트 입장에서는
자신이 이 산업의 분석가로서 활동할 가치가 있음을 증명하기 위해,
그 산업과 종목에 대해 자신의 깊은 지식을 드러내야 한다.

주가를 맞추는 것도 중요하겠지만,
이 보고서에서는 그동안
내가 연구한 내용을 잘 표현해야지.

따라서 산업과 종목에 대해 기초부터 자세히 쓰는 경우가 많다.
특히 (자신이 생각하기에) 종목을 움직이는 주요 요인들을 꼼꼼히 열거하고,
과거의 움직임을 그래프나 표로 알기 쉽게 표현한다.
여기에 자신이 생각하는 가정도 자세히 쓰게 된다.

첫 보고서니까
생각하는 모든 요인을
자세하게 설명해야지.

따라서 분석 개시 보고서는
요인과 가정을 공부하는 데 큰 도움이 된다.
당장 필요하지 않더라도 분석 개시 보고서를 보게 되면
꼭 저장해놓고 공부하자.

내 컴퓨터와
마음속에 저장!

다시 주요 요인 소개로 돌아와서….

C. 산업 동향

산업 동향도 개인으로서는 잘 알기 어렵다.
그것은 펀드매니저도 마찬가지다.
따라서 개인투자자들은 증권사에서 나오는
산업분석 보고서를 잘 읽어보는 것이 중요하다.

연말연시에 증권사에서
나오는 산업별 연간 전망 자료를
보는 것도 도움이 됩니다.

20XX년
연간전망

산업 보고서 역시
요인과 가정을
체크하며 읽어야죠.

물론 펀드매니저는 애널리스트에게 직접 물어보거나,
산업 전문가를 초빙해서 공부하기도 한다.
개인은 그렇게 하기 어려우니 관심 분야의 산업 보고서를 꼭 읽자.
경제 뉴스도 꼼꼼히 살펴보면 좋다.

경제신문
IT신문
산업소식
산업 동향을 잘 알아야
장기투자 아이디어도
생긴다고.

D. 경제 동향

투기자에게 단기 또는 중기적인 경제 동향은
주식 비중을 조절하거나, 보유 종목의 차익 실현 등을 결정하는
중요한 요인이 된다.

금리가 급등한다던데…. 주식 비중을 좀 줄여볼까?

반면 투자자에게는 좀 더 긴 안목의 경제 동향이 중요하다.
중기적인 전망은 크게 중요하지 않을 수 있다.

당분간 금융 위기는 없을 것 같고…. 특별히 경기 침체가 예상되는 것도 아니니 싼 종목은 계속 들고 가자!
번데기처럼 기다리면 곧 날아오를 거야.

경제 동향을 어떻게 알 수 있을까?
경제신문을 꾸준히 읽는 것을 추천하고 싶다.
증권사의 이코노미스트들이 쓰는 경제 보고서도 유용하지만,
초보에게는 용어와 내용이 어려울 수 있다.
산업 동향과 경제 동향을 잘 파악하려면
경제신문을 꾸준히 읽으면서 내공을 쌓아야 한다.

경제 신문
투자의 길은 경제신문과
동행하는 것!
투자의 길

경제신문의 경제(Economy) 섹션 기사를
전부 다 이해할 정도로 금융 지식을 갖춘 사람이 많을까?
(툰개미의 생각으로는) 증권업계에 상당 기간 몸담은 사람들 가운데서도
그 기사를 전부 이해하지 못하는 분이 제법 있을 것 같다.

XX증권
이 기사 무슨 의미야?
오늘 되게 바쁘네….
화장실 좀….

우리나라 경제신문의 기사들은 수준도 높고
그만큼 투자에 유용한 내용을 다루는 경우가 많다.
툰개미 역시 신입일 때 선배들이 시켜서
경제신문을 꾸준히 읽었다.

이것 다 읽고
중요한 것은 요약해봐.
신문 보는 것도 일이에요.
경제 섹션

경제 기사가 전문적이고 유용한 까닭은, 기자들이 기사를 작성할 때
전문가(애널리스트, 대학 교수)의 도움을 받는 경우가 많기 때문이다.

XX경제신문입니다.
이번에 OO산업에 대한
기사를 쓰려고 하는데요….
툰개미 연구원!
이번 산업 보고서
다 썼어?

경제신문을 1년간 꾸준히 보면
경제 지식과 투자 실력이 높아진 자신을 발견하게 된다.

내 수준이
올라가는 게
느껴진다!
경제
미지
쑥
쑥

요새는 경제 동향을 알기 쉽게 설명해주는 방송도 많다.
처음에 잘 모르겠다고 조바심 내지 말자.
어차피 경제 동향은 단기간에 영향을 미치는 요인은 아니다.
꾸준히 내공을 쌓으면 이해하기 쉬워진다.

경제공부
경제 내공 충전!

2. 결국은 확률의 문제다

예상을 위해 필요한 요인들을 완벽히 분석하기도 쉽지 않지만,
가정을 세웠을 때 100% 적중하는 것은 매우 어려운 일이다.
단지 이러한 과정을 반복하면서
상승할 주식을 골라낼 '확률'을 높일 뿐이다.

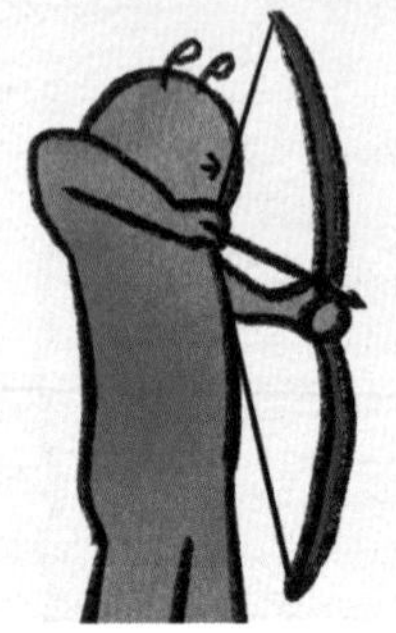
열심히 반복하면
실력이 늘겠지?

주식으로 꾸준히 높은 수익을 올렸던 사람들은 모두
'꾸준한 공부'를 성공 비결로 꼽는다.
자신의 의사결정에 필요한 요인과 가정을 갈고닦는 공부를 하다 보면
'확률'이 상승하는 것을 몸소 깨달았기 때문에 그런 이야기를 하는 것 아닐까?

꾸준히
공부하면 이 정도는….

이때 물론 자신의 스타일에 맞게 공부한다면
더 효율적인 노력이 될 것이다.

테마 주식
현명한 투자자
보고서

<행복한 야구 감독 이야기>

이렇게 '요인' '가정' '예상' '검증'을 반복하다 보면
내가 잘 아는(요인을 잘 이해하고 스스로 가정을 세울 수 있는) 종목이
하나둘 늘어날 것이다.

파워
스피드
타율
신임 감독
우리 팀 타자들에 대한
파악은 이제 됐다.

한 회사의 주가를 움직이는 요인 자체는 쉽게 사라지지 않는다.
따라서 깊게 고민하고 공부했던 종목은
시간이 지나서 다시 분석할 때 좀 더 쉽게 투자 결정을 내릴 수 있다.

가만, 최근 많이 빠진 삼성전자를 매매해볼까?
메모리 현물 가격이랑 고정거래가격 추이가 어떻지?
환율이랑 핸드폰 판매량 추이도 좀 체크해야겠다.
관련 요인 정리를 잘하던 애널리스트의 보고서를 살펴봐야지.

감독

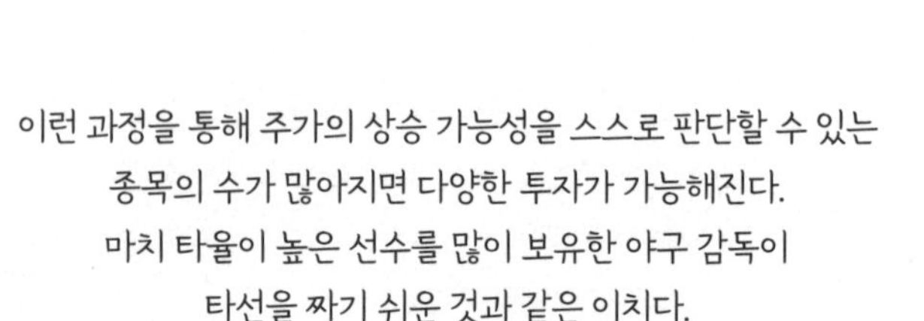

이런 과정을 통해 주가의 상승 가능성을 스스로 판단할 수 있는
종목의 수가 많아지면 다양한 투자가 가능해진다.
마치 타율이 높은 선수를 많이 보유한 야구 감독이
타선을 짜기 쉬운 것과 같은 이치다.

흠…. 1번부터 9번까지
모두 타율이 5할이 넘는군!
타선을 어떻게 짤까?
1번
2번
3번
감독
다음경기
타순

3. 주식 고수들이 말하는 요인 분석법

주식 고수들은 4대 요인에 대해 어떻게 접근할까?
툰개미가 그들의 주식매매 방법의 디테일까지 모두 알 수는 없다.
하지만 그들이 중요시하는 부분과 생각에 대해 간략하게 정리해보려 한다.
요인을 공부하는 데 조금이라도 도움이 되길 바란다.

주식
공부의 神

A. 트레이더

단기로 매매하는 스타일은 그 어떤 요인보다 '수급'을 중시한다.
이 수급을 '차트'를 통해 읽고 해석한다.
혹시 '주식은 심리 게임이다'라는 말을 들어본 적 있는가?
이런 주장은 트레이더의 시각에 근거를 두고 있는 것이다.

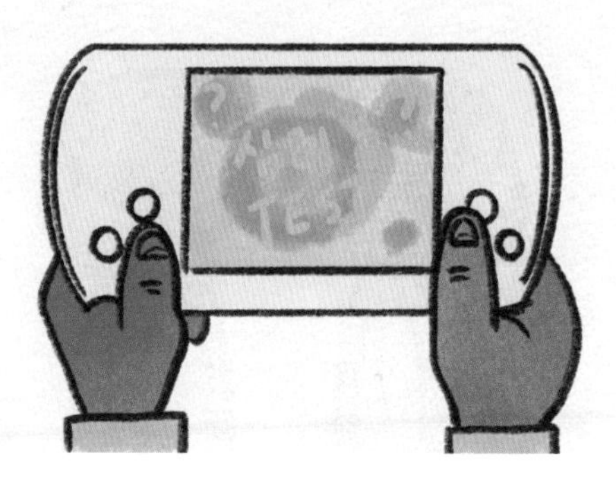

차트는 지금까지 (종목을) 매매한 사람들의 심리가 반영되어 있으며,
따라서 차트를 읽는다는 건 앞으로 (이 종목에 관여하는 사람들의) 심리가
어떻게 움직일지 알 수 있다는 믿음이자 그 움직임에 대한 해석이다.
소위 군중심리를 읽어 매매의 흐름을 이해하는 것이다.

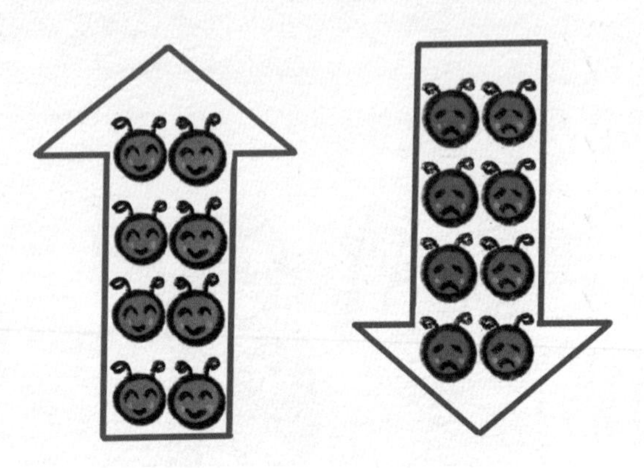

대중의 심리(요인)를 이용해 매매한다는 점은 비슷하지만,
그것을 이용하는 방법(예상, 매매)은 상반되는 경우가 많다.
대표적인 예로
추세추종형 매매와 컨트래리안(Contrarian, 역투자) 매매가 있다.

추세추종형 매매　　컨트래리안 매매

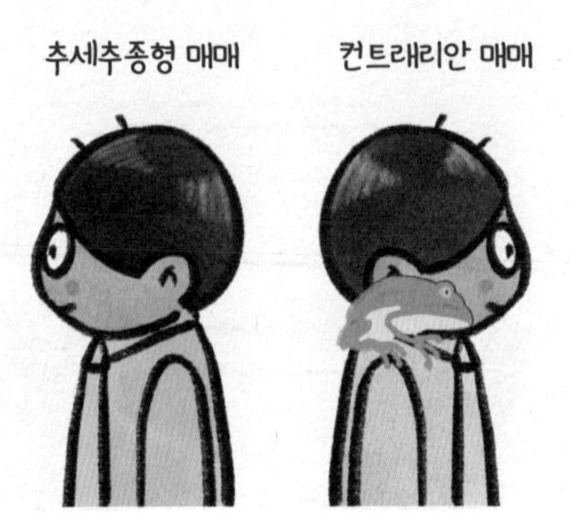

(1) 추세추종형 매매

일단 주가의 움직임을 '매수 VS 매도'라는
반대 방향으로 뻗어 나가는 두 에너지의 충돌로 생각해보자.
두 에너지가 충돌했을 때
더 큰 힘을 가진 쪽이 진행하는 방향으로 이동하게 될 것이다.
만일 양쪽의 힘이 비슷하다면 주가는 보합, 즉 움직임이 없을 것이다.

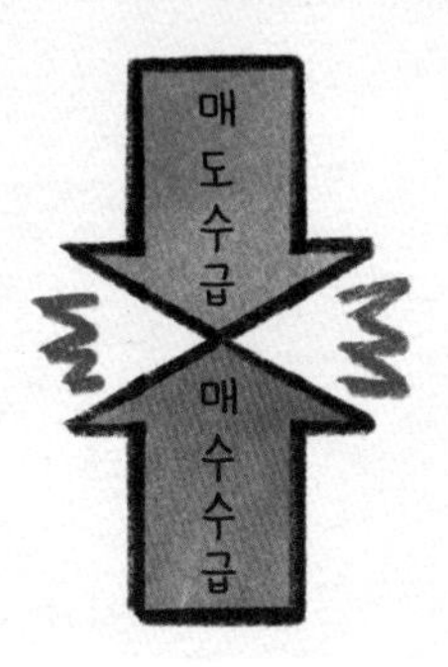

매도수급
매수수급

만일 어느 한쪽(매도 수급)이 일정한데,
다른 한쪽(매수 수급)의 힘이 커진다면 주가는 움직이게(상승) 된다.
이렇게 힘이 센 방향에 편승해서 매매하는 것을 추세추종형 매매라고 한다.

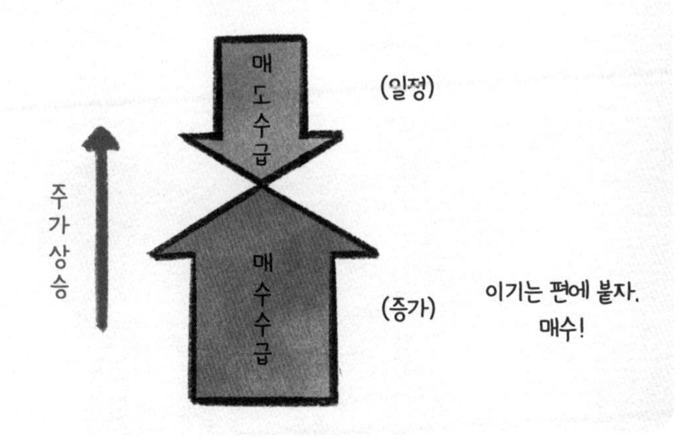

매도수급
(일정)
주가상승
매수수급
(증가)
이기는 편에 붙자.
매수!

매도 수급에 비해 매수 수급이 강한 상황이 지속되면
주가는 추세적으로 상승하게 되고,
당연히 단기 이동평균선이 장기 이동평균선 위에 위치하게 된다.
이 주식을 보유한 거의 모든 사람의 수익률이 플러스라는 뜻이고,
따라서 심리적으로 대다수가 팔기 싫어할 것이다.
이 가정에 근거한 매매를 흔히 '골든크로스 매수법'이라고 부른다.

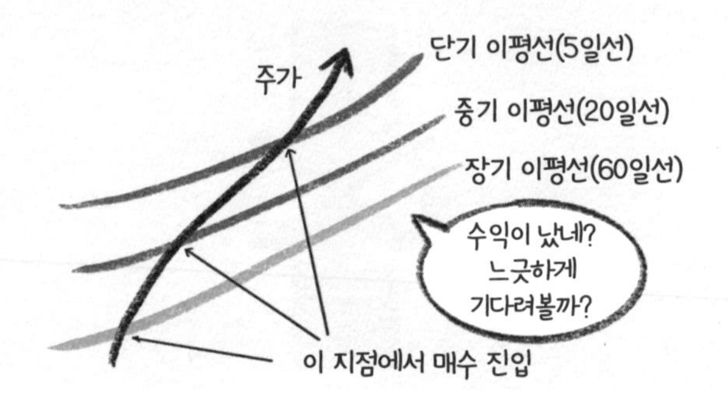
주가
단기 이평선(5일선)
중기 이평선(20일선)
장기 이평선(60일선)
수익이 났네?
느긋하게
기다려볼까?
이 지점에서 매수 진입

(2) 컨트래리안 매매

컨트래리안 전략은 다수의 생각과 다른 시각으로 투자하는
'역발상 투자'로 흔히 알려져 있다.
남들이 보지 않는 저평가된 주식을 사서 장기로 투자하는,
소위 '가치투자' 전략의 한 종류로 이해할 수도 있다.

어? 우리가 주로
하는 방법인데?
그러게 말이야.

트레이더에게 컨트래리안(추세 역행) 매매란 일정 추세가 마무리되면
수급(에너지)이 소진될 것이라는 '가정'에 근거한다.
즉, 매도 에너지가 일정하더라도 강했던 매수 에너지가 감소하면
주가는 급격히 반대 방향으로 움직인다.

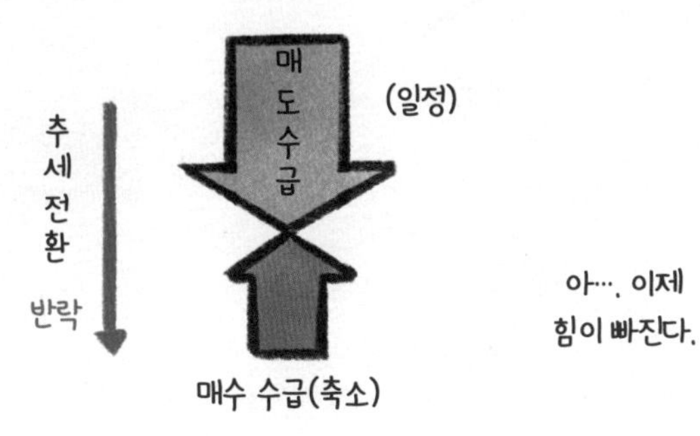
매도수급
(일정)
추세전환
반락
매수 수급(축소)
아…, 이제
힘이 빠진다.

비슷한 예로, 만일 매도 수급이 많아서 추세적으로 하락했던 종목이
어떤 이유로 인해 매도 에너지가 차츰 약해진다면
주가가 반등할 가능성이 높아질 것이다.

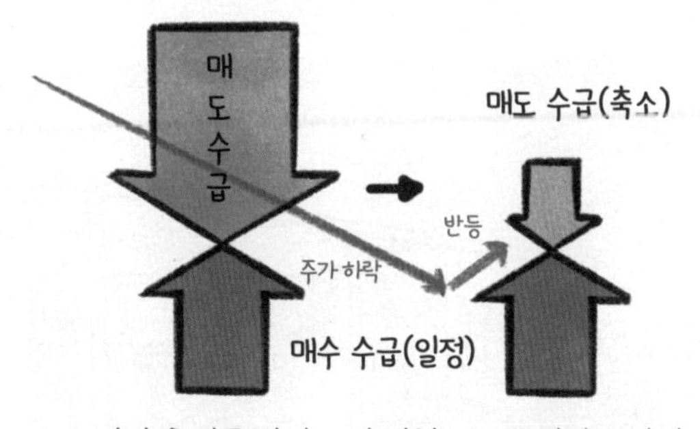
매도수급
매도 수급(축소)
반등
주가 하락
매수 수급(일정)

주가가 추세를 가지고 한 방향으로 움직이고 나면
결국 매도건 매수건 그 추세를 만들었던 수급은
(가격 메리트가 없어져서라도) 위축될 가능성이 높다.

이런 경우에 주가는 기존의 움직임(추세 상승, 추세 하락)과
반대 방향으로 움직이게 된다.
이를 이용해서 단기 매매 차익을 올리는 방법이 컨트래리안 매매다.

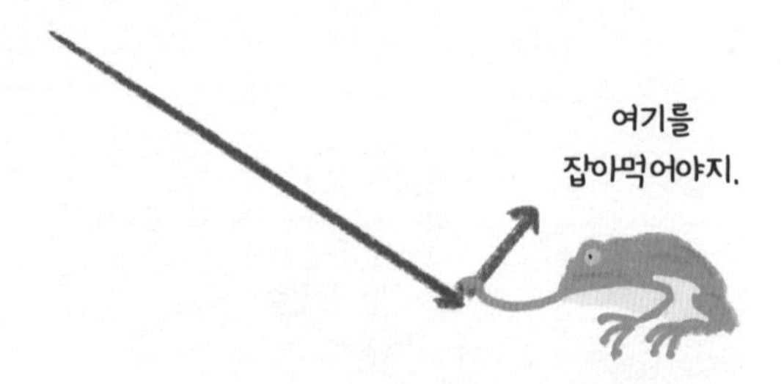
여기를
잡아먹어야지.

추세추종형 매매자는 이러한 반대 신호를 차익 실현의
신호로 받아들일 수도 있다. 주가가 추세 상승하다
매수 수급이 약해지면 매도를 준비한다는 이야기다.

지금까지 트레이더의 대표적인 2가지 매매법을 다뤘다.
실전에서는 수급을 이해하는 더 많은 차트가 존재하고,
매매 접근법은 훨씬 다양하다.
대표적인 차트는 앞서 언급했으니
심화 내용은 스스로 공부해보고 경험을 쌓으면 된다.

기술적 분석 책도
정말 많구나….

트레이더 스타일에도 다양한 방법들이 존재한다.
그러나 그들이 공통적으로 중요하게 여기는 것은 '손절'과 '거래량'이다.
거래량이 충분해야 손절도 쉽다.

**나에게 중요한 것은 손절이야.
만일 거래량이 너무 적으면 손절이 어려울 때도 있는데
그럴 때는 비자발적인 장기투자가 되어버려.
최악의 상황이지.**

큰일 났다.
손절을 못 했네.

거래량은 차트의 신뢰도를 높이는 역할을 한다.
거래량 증가를 수반하는 추세는
추세 기간이 길어질 수 있다는 것을 의미하기도 한다.
또한 거래량이 적은 종목의 차트는 신뢰하기 어렵다.

거래량

트레이더는 때로 산업 동향에 관심을 두고 공부하기도 한다.
'테마주 매매'를 노릴 때 유용하기 때문이다.
혹시 각종 테마주가 순환하며 오르는 시장을 본 적이 있는가?

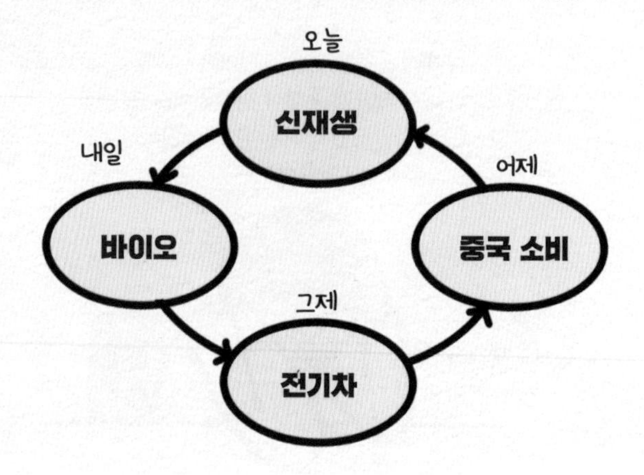
오늘
신재생
내일
어제
바이오
중국 소비
그제
전기차

이런 현상은 주식시장에 유동성이 풍부할 때 자주 나타난다.
깊이 있는 산업분석보다는 호재와 관련된
뉴스나 보고서를 바탕으로 매매하는 것이다.
이는 근본적으로 뉴스로 인해 수급이 몰릴 것이라는
요인과 가정에 근거한 단타 매매다.

바이오
신재생
이 다음 테마주를 낚아 봐야지.
테마주

혹시 당신이 테마주 매매에 익숙하다면?
유동성이 풍부할 때 매매했던 트레이더일 확률이 높다.
그런데 지금은 장기투자를 한다면 트레이더로 시작했다가 물려서 전환한
'비자발적인 장기투자자'일 수도….

물려서
팔 수가 없어.

이 경우가 아니라면 처음에는 '테마주 트레이딩'으로 시작했지만,
공부를 통해 정말로 전도유망한 산업(기업)을 발견해서
진정한 '가치투자자'로 바뀐 경우라고 볼 수 있겠다.

처음엔 단타를 해보려고 매수했지만,
열심히 공부해보니 가슴이 웅장해져버렸어!

그래, 장기투자다!

트레이더 스타일인 것 같은데 어떤 차트를 공부할지 모르겠다고?
(앞서 언급했지만) 정답은 없다. 나에게 더 잘 맞는 차트를 찾아
투자 성공 확률을 높이기 위한 노력이 존재할 뿐이다.

차트도 종류가 엄청 많구나….
앞서 언급한 차트부터 하나씩
차근차근 시작해보는 것은 어떨까요?

B. 투기자

투기자는 수급도 보지만, 그보다 '기업의 실적'을 중시한다.
기업의 실적을 예상하기 위해서는
산업 동향을 체크하는 것도 필수다.

기업 실적
산업 동향

물론 조금이라도 싸게 사서 비싸게 팔기 위해서는 차트도 봐야겠지만,
그보다 기업 실적을 바탕으로 잘 예상해서 높은 수익률을 올려야지.

기업의 실적과 같은 요인은 하루, 이틀마다 주가에 반영되지 않는다.
최소 한 달부터 몇 달에 걸쳐서 반영된다.
그러나 몇 년에 걸쳐서 나타나는 '기업의 근본적인 변화'보다는
3개월~6개월 동안의 실적이 시장의 기대치보다 좋은지에 초점을 맞춘다.

5년 뒤를 내다보는 기업 체질의 변화?
그것보다는 다음 분기, 다다음 분기
실적 상향 기업을 찾아야겠어….

투기자는 단기, 중기적인 '경제지표'에도 주목한다.
총자산에서 주식 비중을 얼마나 가져가야 할지 정하기 위해서다.
만일 단기적으로 글로벌 경기 하강 리스크가 발생하면
주식 비중을 낮추는 등 적극적으로 대응한다.

미중
무역전쟁
경기우려
미중 무역 전쟁이 발생했다고?
일단 주식 비중을 20% 줄이고 보자.

실적이 좋은 기업에 투자한다는 가정을 바탕으로 매매하기 때문에
(분석을 잘한다면) 상대적으로 안전한 투자라고 할 수 있다.

아무리 차트가 좋아도 실적이 안 좋은 기업은 무슨 악재가 터질지 모르잖아. 반대로 차트가 나빠도 실적이 좋다면 버텨봐야지….
그럼 우린 바로 손절이지 뭐.

만일 실적이 좋은 기업을 발견하고, 경제 상황도 좋아서
주식 비중을 올려도 되는 상황이라면 많은 금액을 투자할 수 있다.
수익률을 극대화하는 것이다.

매수
실적도 좋고, 증시 주변 여건도 좋은데…. 좋았어, 올인이다!

하지만 애석하게도 초보 개미가 잘하기엔 어려운 스타일이다.
주가에 대한 모든 요인을 다 공부해야 하기 때문이다.
회사 내용과 실적에 대한 깊이 있는 이해는 물론,
차트와 경제지표에 대해서도 알아야 한다. 회계 지식도 필요하다.

애널리스트 탐방 보고서도
빼놓지 않고 읽으려니
안구건조증이 오네….

그렇기에 이 스타일은 전문가나
주식매매에 어느 정도 경험이 있는 사람들이 하게 된다.
한 전문가는 책에서 이렇게 언급했다.

단기투자, 중기투자, 장기투자 중에
지속적으로 플러스 수익률을 내는
가장 좋은 방법은 중기투자,
즉 투기자 스타일이다.

월 스트리트에서 전설의 천재 트레이더로 평가받았던
빅터 스페란데오가 한 말이다.
(전문가가 주로 하니까 수익률이 좋은 것은 아닐까 싶기도 하지만.)

회사의 실적을 이용한 매매가 꼭 투기자의 방식이라 할 수는 없다.
만일 내일 실적발표가 있는 종목을 사고,
그 회사가 어닝 서프라이즈를 기록하면서 주가가 급등하여 매도했다면?
이것은 '투기자'가 아닌 '트레이더' 스타일이다.

내일 실적발표하는
회사들 차트 좀 볼까?
오호, 이 회사는 실적발표하기
며칠 전부터 기관이 계속 사네?

'실적발표'라는 뉴스와 수급을 이용한 단기매매 스타일이다.

투기자는 실적발표 훨씬 이전에
이 회사의 실적이 시장의 기대치보다 좋을 것이라 예상하고
(트레이더들은 관심 없을 때) 미리 주식을 사놓는다.
그 과정에서의 단기적인 수급 변화는 중요하게 생각하지 않는다.

잠깐의 출렁거림은
신경 쓰지 말고
실적을 향해 나아가자.
실적호

이 종목은 지금 거래량도 적지만, 공부한 요인들을 분석해보면
다음 분기 또는 그 이후에 분명히 어닝 서프라이즈가 날 것 같아.
그때를 위해 지금부터 빠질 때마다 사서 모아야겠다!

다음 분기
매수

이런 면에서 (기간은 짧지만) 가치투자자와 비슷하다.

'트레이더'나 '가치투자자' 스타일 중 하나를 골라 열심히 공부하고
주식투자 경험을 쌓다 보면 자연스럽게 '투기자' 스타일도 잘하게 된다.
실제로 성공한 트레이더와 가치투자자는
투기자 스타일의 매매도 잘하는 경우가 흔하다.

빠르고!
다리 힘 좋고!

태권도 국가대표가 축구도 잘하는 것과 비슷한 이치랄까?

여기서 잠깐!

〈실적이 좋다는데 주가는 왜 하락할까?〉

어닝 서프라이즈라는데
주가는 계속 빠지네.
대체 왜 이러는 거야?
깜짝 실적?!

이번 분기 실적도 좋고 다음 분기 실적 전망도 밝다는데 주가가 하락하는 경험을 맛본 개미들이 있을 것이다.

애널리스트 투자 의견은
전부 BUY인데,
또 나만 산 거야?

실제로 수급을 보면 아무리 좋은 실적을 내더라도
기관이나 외인이 열심히 파는 모습을 볼 수 있다.

증권TV 뉴스
XX전자
어닝 서프라이즈에도
주가 하락, 이유는?
뭐야?
중기적인 주가에
가장 핵심적인 요인은
실적이라며!

반대로 실적은 안 좋다는데 주가가 상승하는 경우도 있다.

투기자에게 중기적인 기업 실적은 매우 중요한 요인이지만
때로는 실적보다 더 중요한 요인이 작용하는 산업이 있다.
그것은 바로 '사이클(Cyclical) 산업'이다.

이 사이클
아니에요.
영어 그대로
시클리컬 산업이라고
부르기도 합니다.

이 사이클 산업의 중기적 주가를 설명하는 주요 요인은
실적이 아닌 사이클의 상황이다.

요즘
화학 업황에 대해
말씀드리겠습니다.
산업 사이클을
흔히 '업황'이라고
하기도 한다.
화학 애널리스트

사이클 산업의 주가가 업황을 민감하게 반영하는 이유는
업황이 실적에 선행한다는 믿음 때문이다.

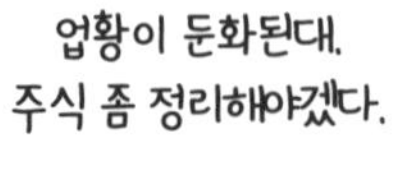
업황이 둔화된대.
주식 좀 정리해야겠다.

이번 분기에 실적이
좋은데 왜 팔아?
결국 실적이
나빠질 테니까.

사이클 산업이란 주기적으로 공급과 수요가 과잉되는 현상이 나타나는 산업이다. 반도체, 정유, 화학, 철강, 조선 등 우리나라의 대표적인 산업들이 여기에 해당한다.

이 사이클은
나중에 어떻게 될까?

우리나라 주식시장에는
사이클 산업이 많아서
잘하기 어려운 건가 봐.

사이클 산업은 당장의 실적보다 향후 업황에 대한 전망이 더 중요하다. 이를테면, 반도체 기업의 주가는 실적이 아니라 사이클보다 6개월 선행한다는 말이 있을 정도다.

오늘 삼성전자의
실적발표가 있었습니다.
어닝 서프라이즈를 기록했지만
업황 둔화가 전망되면서
주가는 하락했습니다.
증권사
누구 맘대로….
이번 분기에 달성한 실적은
이미 주가에 선반영 됐대.

반도체산업 중 하나인 DRAM 산업을 예로 들어 살펴보자.

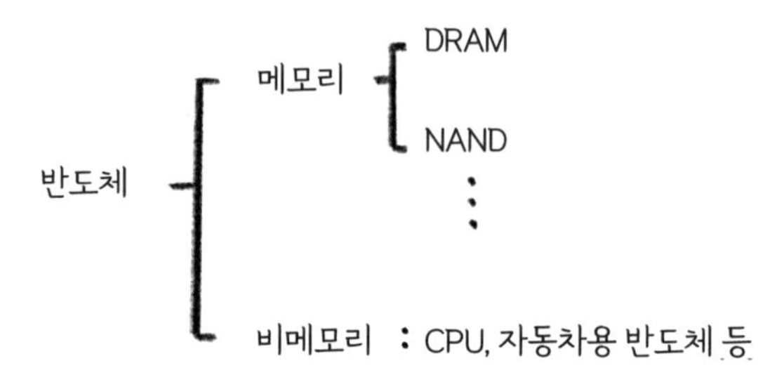
반도체
메모리
DRAM
NAND
비메모리
: CPU, 자동차용 반도체 등

반도체는 크게 메모리와 비메모리로 나뉘고,
우리나라 대표 기업인 삼성전자와 SK하이닉스는
DRAM을 주력으로 제작한다.

이 DRAM 반도체산업 또한 다른 사이클 산업과 마찬가지로
호황과 불황이 지속적으로 반복된다.
사이클의 주기와 폭은 그때그때 다르다.

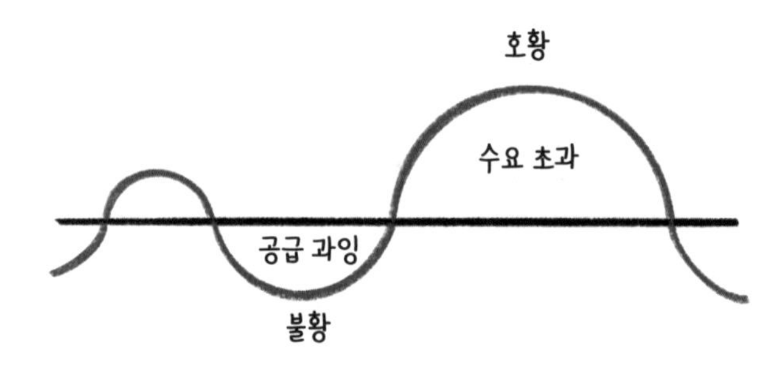
호황
수요 초과
공급 과잉
불황

이런 사이클이 발생하는 이유는 호황일 때 기업이 공급을 늘리고
불황이 오면 공급을 줄이는 대응 때문이다.
수요 자체도 다양한 이유로 인해 증감을 반복한다.

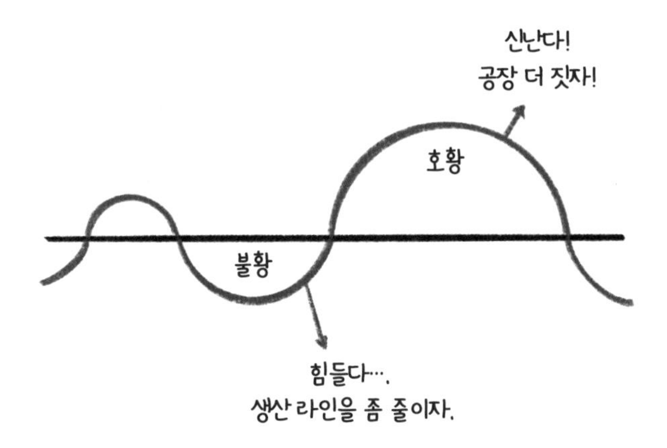

신난다!
공장 더 짓자!
호황
불황
힘들다….
생산 라인을 좀 줄이자.

이 사이클과 주가는 동행하지 않는다.
일반적으로 주가가 사이클보다 6~9개월 선행한다고 알려져 있다.

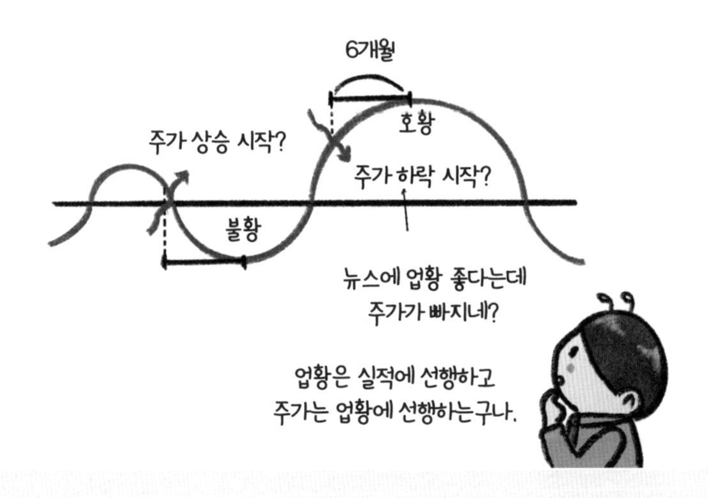

6개월
호황
주가 상승 시작?
주가 하락 시작?
불황
뉴스에 업황 좋다는데
주가가 빠지네?
업황은 실적에 선행하고
주가는 업황에 선행하는구나.

업황의 정점을 지나더라도 불황으로 접어들지 않는다면
기업의 실적은 좋을 수 있다.
그러나 주가는 업황의 정점을 지나기 전부터 대개 하락하고 있다.

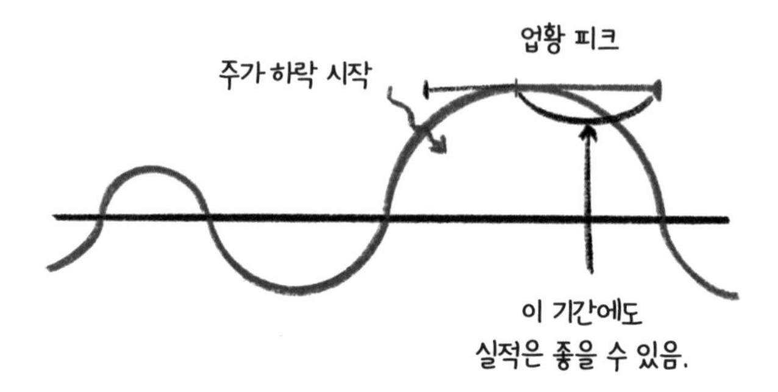
업황 피크
주가 하락 시작
이 기간에도
실적은 좋을 수 있음.

이래서 어닝 서프라이즈에 주가가 빠지는구나?

따라서 사이클 산업에 있어 수요와 공급의 변동은 매우 중요하다.
때로 아래와 같은 변동 상황이 발생하면
주가 예측이 더더욱 어려워진다.

수요가 회복하는데
공급이 너무 증가하네?

수요가 둔화하는데 공정 기술
문제로 공급이 더 제한된대.

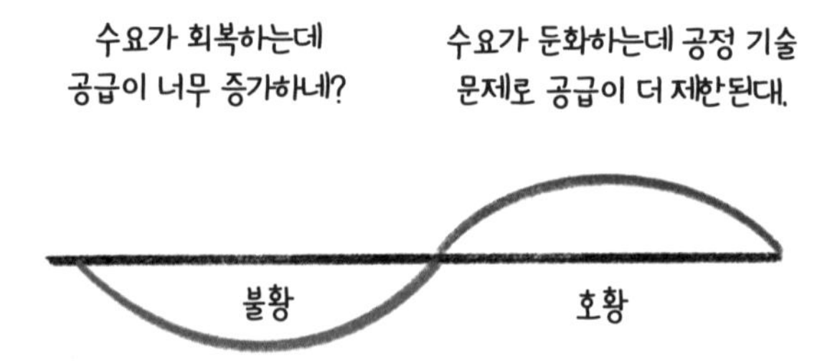
불황
호황

사이클 산업과 비(非)사이클 산업을 구분하자면 다음과 같다.

사이클 산업	비(非)사이클 산업
해운업 조선업 철강 정유, 화학 반도체 건설 ⋮	음식료 제약, 바이오 인터넷, 게임 엔터테인먼트 ⋮

정리하자면 사이클 산업에 속하는 주가의 기업 예측에서
여전히 실적은 중요한 요인이다.
하지만 실적에 앞서 업황이 있고, 업황은 수요와 공급에 의해 결정된다.
애널리스트 보고서에 '수요', '공급'이라는 단어가 자주 등장하는 이유다.

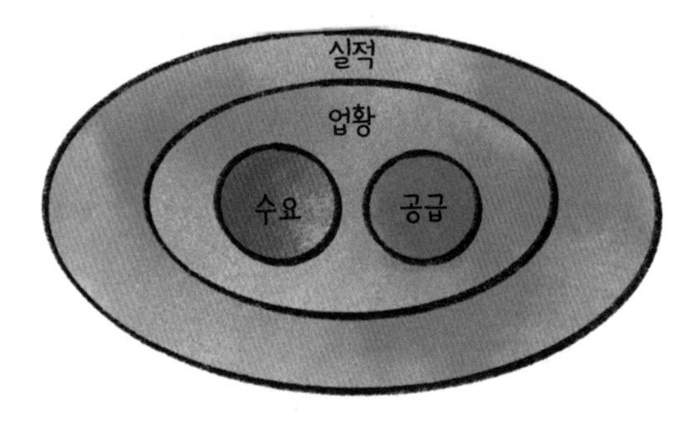
실적
업황
수요
공급

C. 가치투자자

가치투자자는 장기적인 산업의 변화 속에서
차별적인 경쟁력을 가진 기업을 선별하고 그 종목에 오랜 시간 투자한다.
단기적인 주가의 변화나 수급에 큰 관심이 없다.

이 종목에 큰 수급이
들어오고 있어.
수급?
관심 없는데.

또 (투기자처럼) 자신의 주식 비중을 민감하게 바꾸는 전략을 쓰지 않는다.
단기(중기)적인 이슈로 인한 주가 하락은
오히려 주식 매수의 기회로 삼는다.

정부가 긴축에 들어간다는데?
주식을 좀 줄여야 하는 상황인가?
팔아라!
사 줄게.

가치투자자가 주식을 팔 때는 대개 3가지 경우다.

(1) 내가 세운 가정이 틀렸을 때
(2) 더 나은 투자처를 발견했을 때
(3) 충분히 먹었을 때

이건 틀린 건가?
팔아야겠네.

기업 경쟁력

이게 더 좋아 보이는데?

몇 년 전부터 우리나라에서도
'가치투자'에 대한 관심이 높아지면서 좋은 서적이 많이 나왔다.
워런 버핏, 벤저민 그레이엄 등
이미 훌륭한 투자 구루(Guru)들의 책이 많이 나와 있다.

이 스타일은 소위 매매에 대한 부담이 적다.
하루하루 시장에 대응하지 않아도 된다.
즉, 차트와 단기매매에 대한 공부는 안 한다.
오히려 주가가 빠질 때 더 살 수 있는 '냉정한 자금 배분 능력'이 더 중요하다.

주가가 제법 빠졌네?
좀 더 빠지면 더 사야겠다.
이럴 것 같아서 여윳돈을 남겨뒀지.

만일 내가 사고 있는 종목이 급등한다면?
추격매수하지 않는다. 비싸졌기 때문이다.
다른 싼 종목을 찾든가, 주가가 다시 충분히 싸질 때까지 기다린다.
비싸다고 판단되는 종목은
아무리 좋은 뉴스와 수급이 발생해도 매매하지 않는다.

좋은 차트인데,
좋은 뉴스도 나온대.
안 살 거야?

응, 안 사.
비싸던데.

그러나 장기투자 스타일이면서도
일반적으로 계산할 때 매우 비싸 보이는 주식에 투자하는 고수들도 있다.

아니, 이 기업은
올해 PER이 40배가 넘던데
이걸 지금 왜 사요?
길게 보면 싸다고
생각하는데?

이런 가치투자자는 지금은 비싸더라도 향후 5년, 10년 뒤에
기업 실적이 크게 성장할 것이라는 전망으로 투자한다.

테슬라 주식도
예전부터 비싸다는
이야기 참 많이 들었죠.

이렇게 투자하기 위해서 가치투자자는 평소에
새로운 산업, 빠르게 세상을 변화시키는 트렌드에 관심이 많다.
변화의 흐름 속에서 크게 성장할 기업을 찾는 것이다.
투자 기간도 길고 목표 수익률도 높다.

난 10년 투자해서
10배 먹을 종목을 찾고 있어.
떡잎부터 알아보자!

튠개미가 만나본 가치투자자 고수 중에는
새로운 제품이 나왔을 때 가장 먼저 사용해보는
얼리 어답터도 꽤 있었다.

이게 가상현실
스포츠인가?

각종 박람회에 참여하는 것을 즐기며
특히 미국 등 선진국의 산업 동향에 관심이 많다.

이번에 미국에서
수소 충전소 보고 왔잖아.
미국과 캐나다 일부에서는
대마초를 의료용으로
허가하기 시작했대.

신기술 박람회
산업 박람회에 참가한
회사들도 살펴보고
그런 기업의 R&D 비용도 챙기자.
회사의 IR 자료나
공시 내용도 공부 중이야.
등산만 다니는 게 아니라고!

또 일반적으로 성공한 가치투자자들은
회사에 탐방을 가거나 관련 산업 종사자를 만나기 위해 부지런히 움직이며
재무제표를 아주 면밀히 들여다본다.

네 친구 중에 XX산업에 대해
잘 아는 분 있다고 하지 않았니?
같이 식사할 수 있을까? 물어보고 싶은 게 많은데….

어떤 기업의 경쟁 우위를 분명히 깨닫고 주가가 싸다고 판단되면
그 회사의 오너(주인)가 된다는 마음가짐으로 주식을 산다.
진정한 투자다.

창업주의 마음

단기로는 주가가 어떨지 모르겠지만
장기적으로 회사가 좋아지는 만큼 주가도 상승할 것이라 믿어.

단기적으로 주가가 빠질 수도 있다.
또는 주식시장 전체는 상승하는데,
내 종목의 주가는 횡보해서 외로울 수도 있다.
따라서 가치투자자로 성공한 사람들은
상당한 자기 확신과 인내를 가지고 있다.
그 바탕은 철저한 분석과 공부일 것이다.

난 나를 믿어!
자기확신

여기서 잠깐!

〈기업에 대한 기본적인 정보를 알아보는 법?〉

뭐 하는 회사인지,
미래에 뭘 준비하는지
어떻게 알 수 있지?
그걸 알아야 공부를 시작하지!
펀드매니저들이
회사에 대한 정보를 알고 싶을 때
쓰는 방법을 알려드리죠!

아주 기본적인 재무 정보나 공시, 뉴스 등은
증권사 HTS의 '현재가' 창에 존재한다.
주식을 매매해본 사람이라면 한번쯤 보았을 것이다.

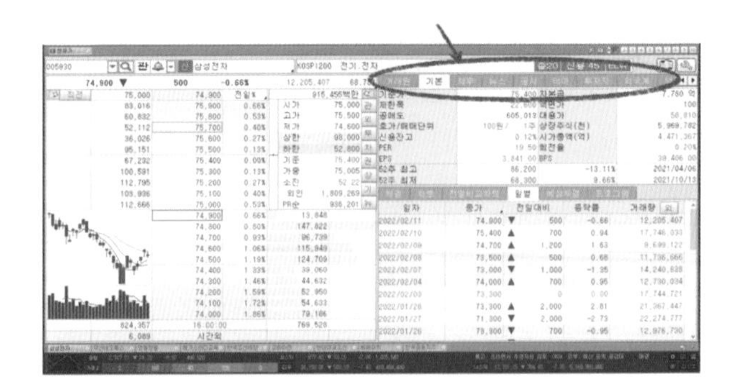

펀드매니저들에게도 생소한 기업에 대해서는
애널리스트의 분석 개시 보고서를 참조한다.

기본적인 내용에 충실했다고요!
분석
개시

회사의 홈페이지에도 들어가 본다.
IR(Investment Relationship)을 잘하는 회사의 홈페이지에는
주기적으로 IR 자료가 올라오며, 다운로드 할 수 있다.
지금 회사의 상황은 어떤지, 새로 추진하는 사업은 무엇인지
궁금한 투자자에게 큰 도움이 된디.

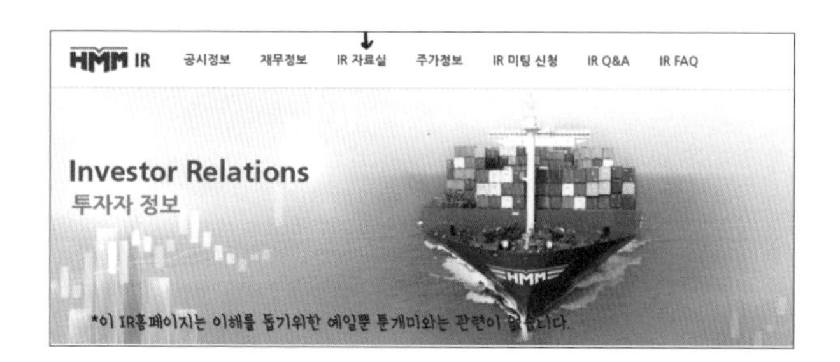
HMM IR
공시정보
재무정보
IR 자료실
주가정보
IR 미팅 신청
IR Q&A
IR FAQ
Investor Relations
투자자 정보
*이 IR홈페이지는 이해를 돕기위한 예일뿐 툰개미와는 관련이

그리고 펀드매니저, 애널리스트도 자주 들어가 보는 사이트!
금융감독원 전자공시시스템(일명 다트)이다.
모바일 어플도 있는데 상장사의 각종 공시 자료를 볼 수 있다.

DART
최근공시
공시서류검색
기업개황
공모게시판
OpenDART
공시업무·제도
DART 소개
신속하고 투명한 전자공시시스템, DART
공시통합검색
정기공시 항목별 검색
오늘의 공시

* http://dart.fss.or.kr

<사업 보고서에서 참조하는 항목 4가지>

회계를 몰라도 알아두면 쓸모 있는
사업 보고서 속 유용한 항목들!

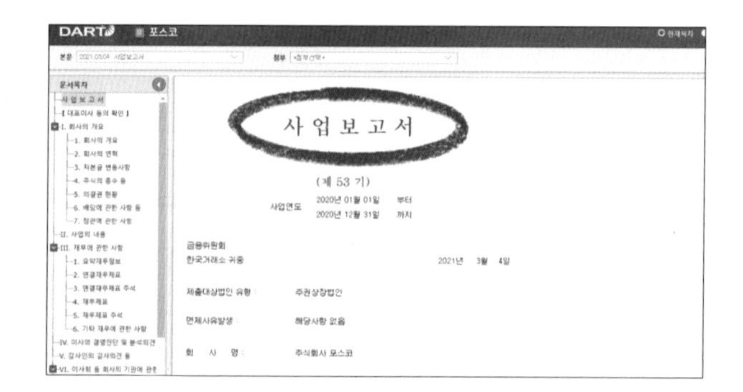
DART
포스코
사 업 보 고 서
(제 53 기)
사업연도 2020년 01월 01일 부터
2020년 12월 31일 까지
금융위원회
한국거래소 귀중
2021년 3월 4일
제출대상법인 유형 : 주권상장법인
면제사유발생 : 해당사항 없음
회 사 명 : 주식회사 포스코

하나. 사업의 내용

회사가 영위하는 사업에 대한 소개는 물론
산업 동향, 경쟁 상황, 위험 요소, 생산 설비, 수주 상황 등
일반적인 내용이 자세히 나와 있다.

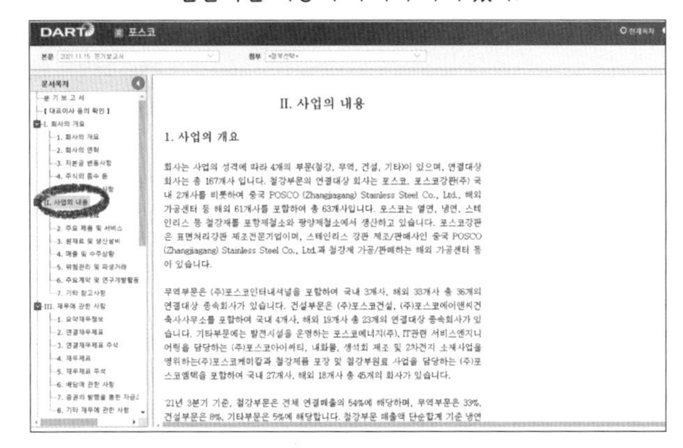

II. 사업의 내용

1. 사업의 개요

회사는 사업의 성격에 따라 4개의 부문(철강, 무역, 건설, 기타)이 있으며, 연결대상 회사는 총 167개사 입니다. 철강부문의 연결대상 회사는 포스코, 포스코강판(주) 국내 2개사를 비롯하여 중국 POSCO (Zhangjiagang) Stainless Steel Co., Ltd., 해외 가공센터 등 해외 61개사를 포함하여 총 63개사입니다. 포스코는 열연, 냉연, 스테인리스 등 철강재를 포항제철소와 광양제철소에서 생산하고 있습니다. 포스코강판은 표면처리강판 제조전문기업이며, 스테인리스 강판 제조/판매사인 중국 POSCO (Zhangjiagang) Stainless Steel Co., Ltd.과 철강재 가공/판매하는 해외 가공센터 등이 있습니다.

무역부문은 (주)포스코인터내셔널을 포함하여 국내 3개사, 해외 33개사 총 36개의 연결대상 종속회사가 있습니다. 건설부문은 (주)포스코건설, (주)포스코에이앤씨건축사사무소를 포함하여 국내 4개사, 해외 19개사 총 23개의 연결대상 종속회사가 있습니다. 기타부문에는 발전사업을 운영하는 포스코에너지(주), IT관련 서비스엔지니어링을 담당하는 (주)포스코아이씨티, 내화물, 생석회 제조 및 2차전지 소재사업을 영위하는(주)포스코케미칼과 철강제품 포장 및 철강부원료 사업을 담당하는 (주)포스코엠텍을 포함하여 국내 27개사, 해외 18개사 총 45개의 회사가 있습니다.

'21년 3분기 기준, 철강부문은 전체 연결매출의 54%에 해당하며, 무역부문은 33%, 건설부문은 8%, 기타부문은 5%에 해당합니다. 철강부문 매출액 단순합계 기준 냉연

둘. 자본금 변동사항, 주식의 총수 등

신주인수권, 전환사채 등의 발행 상황과 잔여 물량을 확인할 수 있다.
오버행(Overhang) 가능 여부 (물량 부담) 등 수급 상황을 파악할 수도 있다.

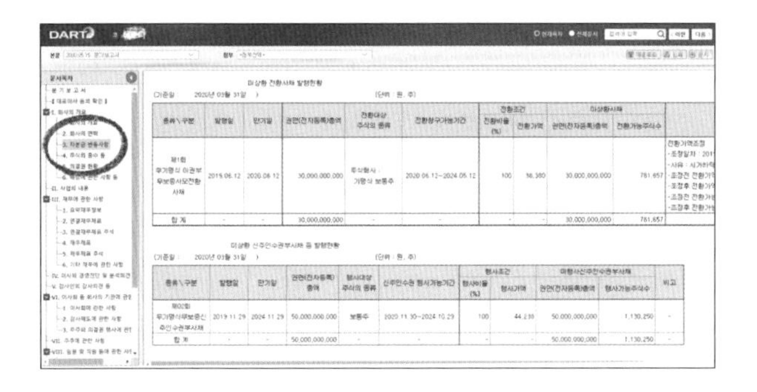

미상환 전환사채 발행현황

(기준일 : 2020년 03월 31일) (단위 : 원, 주)

종류\구분	발행일	만기일	권면(전자등록)총액	전환대상 주식의 종류	전환청구가능기간	전환조건		미상환사채		
						전환비율 (%)	전환가액	권면(전자등록)총액	전환가능주식수	
제1회 무기명식 이권부 무보증사모전환사채	2015.06.12	2020.06.12	30,000,000,000	주식회사 : 기명식 보통주	2020.06.12~2024.06.12	100	38,380	30,000,000,000	781,657	전환가액조정 -조정일자 : 201 -사유 : 시가하락 -조정전 전환가 -조정후 전환가 -조정전 전환가 -조정후 전환가
합 계	-	-	30,000,000,000	-	-	-	-	30,000,000,000	781,657	

미상환 신주인수권부사채 등 발행현황

(기준일 : 2020년 03월 31일) (단위 : 원, 주)

종류\구분	발행일	만기일	권면(전자등록)총액	행사대상 주식의 종류	신주인수권 행사가능기간	행사조건		미행사신주인수권부사채		비고
						행사비율 (%)	행사가액	권면(전자등록)총액	행사가능주식수	
제02회 무기명식무보증신주인수권부사채	2019.11.29	2024.11.29	50,000,000,000	보통주	2020.11.30~2024.10.29	100	44,238	50,000,000,000	1,130,250	-
합 계	-	-	50,000,000,000	-	-	-	-	50,000,000,000	1,130,250	-

*오버행 : 향후 주식시장에서 매도될 수 있는 잠재적인 과잉 주식수.

셋. 주주에 관한 사항

투자할 회사의 주요 주주 구성에 대해 알 수 있다.
5% 이상 보유한 운용사(연기금 등)에 대한 정보도 나온다.
이들의 보유 지분율 변경에 대해서는
'주식 등의 대량보유상황 보고서'를 통해 알 수 있다.

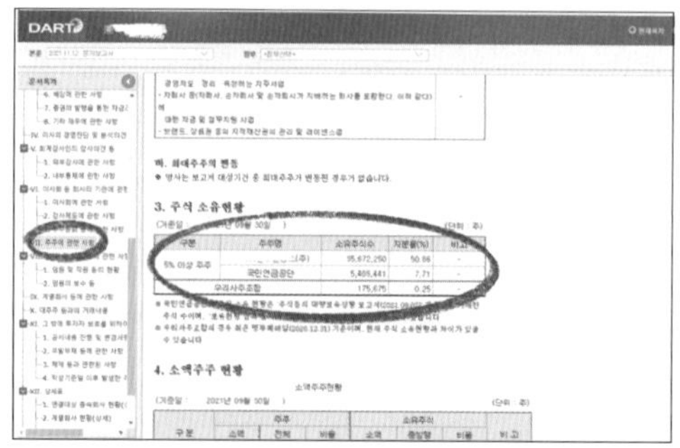
DART
3. 주식 소유현황
국민연금공단
4. 소액주주 현황

이 회사는
국민연금도
7% 이상 보유하고
있구나?

넷. 그 밖에 투자자 보호를 위하여 필요한 사항

약정 사항과 우발 사항(소송, 지급보증 등), 행정제재 등의
상황을 체크할 수 있다.

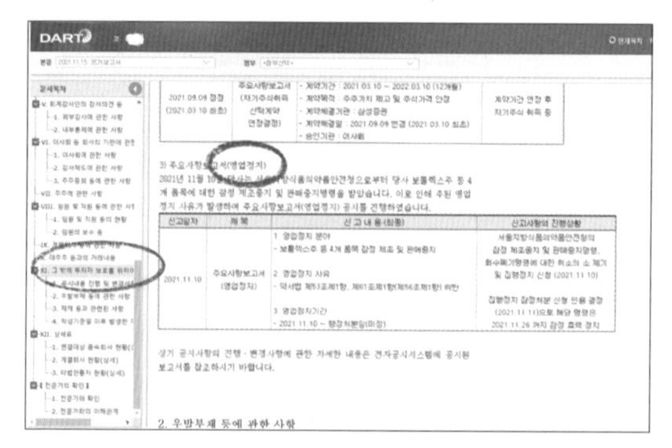
DART
3) 주요사항보고서(영업정지)
2. 우발부채 등에 관한 사항

이 회사는 영업정지를 당했었네.

D. 스타일의 다양성을 인정하자

주식매매 경험이 어느 정도 있는 사람 가운데
자신의 스타일에 대한 명확한 개념이 없는 사람도 있지만,
자신의 스타일만이 옳다고 주장하는 사람도 있다.

그렇게 주식 하면 안 된다니까!
내 방식이 맞아.

툰개미의 경험으로 봤을 때
어떤 스타일이 더 우월하다고 말하는 것은 의미가 없다.
자신에게 맞고 지속할 수 있다면 그것이 나에게 더 나은 투자법이다.

네, 네.
저는 바빠서 이만….

내 방식대로 해야
돈 번다니까.

주식 이야기를 할 때
자신의 주식 스타일만이 옳다고 주장하는 사람이 있다면 자리를 피하자.

자신의 스타일에 정통한 고수가 됐고,
다른 스타일 또한 어느 정도 할 수 있는 수준의 사람은 다르다.
그 정도의 고수들은 나와 다른 스타일의 매매법에 관해 대화하더라도
종종 서로에게 도움이 된다.

최근에 외국인이
한국 주식시장을
매수하는 규모가
커지더라.
아, 그래? 어떤 산업을
특히 많이 사려나?
하긴 원화도
강세로 가고 있지.
당분간 시장이 오르려나….

반면 아직 자신의 스타일에 대한 확신이 없거나,
경험이 많지 않은 투자자들은
나와 다른 스타일의 투자자와 대화하면서 오히려 헷갈리는 경우가 많다.

아… 헷갈린다.
단타가 답이야.
회사에 대해 얼마나
잘 알 수 있겠어?
싼지 비싼지 알기 어렵지….
단타는 도박이야.
기업의 내재가치에
장기투자 해야지.

이제는 증권방송에 나온 전문가의 이야기를 들을 때도
어떤 스타일에 초점을 맞춘 것인지 분별해서 들어보자.
자신의 스타일에 맞는 이야기가 아니라면 일단 미뤄놓고,
내 스타일로 수익을 올리는 일에 집중하자.

이 기업은 사업 구조가
바뀌고 있고, 장기적으로….
나와 상관없는
얘기군. 신경 끄자.

나중에 나만의 스타일로 주식에 성공했을 때
나의 스타일을 타인에게 강요하지 않는 것도 당연하다.
튠개미가 만났던 주식 부자들은 모두 다른 사람을 가르치려고 하지 않았다.
하나라도 더 들으려고 노력할 뿐.

형! 요새 주식 너무 어려워요.
어찌할지 좀 알려주세요.
나도 잘 모르겠어…. 네 생각은 어떤데?

PART 6.

몰라서 못 하는 게 아니다, 안 하니까 못 하는 것이다

1. 식당을 개업하는 친구 이야기

이번에 식당을 해보려고 하는데 돈 좀 투자해줄래?
요새 뜨는 메뉴 알지? 다들 줄 서서 먹는다는….

A

어느 날, 문득 친구 A가 당신에게 돈을 투자해달라고 한다면
당신은 어떻게 하겠는가?

아마 당연히 이렇게 말할 것이다.

네가 근데 요리 잘했던가?
너 라면도 잘 안 끓이잖아.
요리 공부는 좀 했니?

T

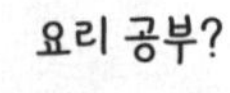
요리 공부?

A

요리 공부는 무슨.
요새 SNS 찾으면 다 나와.
동영상으로 쉽게
따라 할 수 있어.
요새 칼질 연습도
시작했어.

당신은 친구 A에게 돈을 투자할 것인가?
투자하는 게 과연 성공적인 판단일까?

지금 주식에 투자하는 당신이야말로
지금 이 친구 A와 같은 모습은 아닐까?

이번에
주식계좌 만들었어.
방송 보면서 무작정
따라 하면 부자 되겠지?

2. 주식투자를 잘하는 방법

지금까지 툰개미가 주식의 고수들을 보며 느낀
주식투자 잘하는 방법을 소개했다.

주식 잘하는 법?

정리하자면,

(1) 자신의 스타일을 알고
(2) 그 스타일에 맞는 투자법을 공부하고
(3) 실전을 통해 실력을 갈고닦는 것이다.

실전
공부
성실

인터넷에는 초보 개미를 위한 훌륭한 강의가 많다.
펜데믹, 그리고 동학 개미 운동 이후 더 많은 주식 강좌가 만들어졌으니
마음만 먹으면 배울 곳은 얼마든지 있다.

일단 먼저 자신의 스타일을 알아야겠죠?

단기
중기
장기

3. 지금까지 등장하지 않은 또 다른 스타일

주식 공부, 너무 힘들고 지겹더라.
내 스타일을 생각하는 것도 너무 어렵고
그냥 살기에도 바빠….

이런 경우는 바로 '주식 하면 안 되는 스타일'이다.
충분한 준비 없이 주식투자에 뛰어들었다가 돈을 잃는 것보다
처음부터 시작하지 않는 것이 나을지도 모른다.

그러면 하지 마!
주식시장
꽥!
손실이 너무 크다.

장기적으로 성공한 주식투자자가 되기 위해서는 꾸준한 노력이 필요하다.
툰개미가 만난 사람들은 모두
적어도 주식을 대하면서 항상 진지하고 성실했다.

'누구나 주식으로 성공할 수 있다'라고 말하고 싶지만,
현실은 그렇지 않다. 어떤 스타일로 주식을 하든
장기적으로 꾸준히 수익을 올리는 사람은 (다시 말하지만) 많지 않다.

꾸준히 노력하자!

이유는 간단하다. 세상에서 돈을 버는 행위는 거의 모두
기본적으로 '성실함'이 필요하기 때문이다.
주식으로 일확천금?
그런 요행을 바라는 마음으로 주식에 투자하는 사람이
장기적으로 성공한 경우는 거의 없을 것이다.

한때 주식으로
돈 제법 벌었었는데….
내 계좌가 어쩌다
이렇게 됐지?

'주식 하면 안 되는 스타일'
안타깝지만 실제로 당신이나, 툰개미 또한 여기에 해당할 수 있다.

회사 일도 힘든데 주식으로
쉽게 돈 벌 수 없을까?
오히려 돈만 까먹네….

유명한 투자 구루 짐 로저스는 이런 스타일을
'인내와 절제가 부족한 사람들'이라고 불렀다.

그러나 섣불리 당신을 네 번째 스타일이라고 단정 짓지는 말자.
아직 좋은 교재를 못 만났거나, 일상이 너무 바빴거나,
주식투자에 대한 필요성을 못 느껴서 그럴 수 있다.
주식 스타일의 중요성을 이번 기회에 새롭게 알게 되었다면
당신은 아직 제대로 시작 안 해본 것이다!

그래, 제대로
다시 시작해보자!
NEW START

● 에필로그 : 그래도 주식 공부를 꼭 해야 하는 이유

독자 여러분이 이 책을 읽으실 때의 글로벌 금융 상황을
예측하는 것은 불가능할 것입니다.
누가, 언제 읽을지 알 수 없으니까요.

- 2030년 -

와, 창고에 이런 책이 있었네?
한번 읽어볼까?

개미

코로나19가 한창 유행하던 시기처럼 전 세계가 금리를 낮추고
돈을 풀어대는 때일 수도 있고,
금리를 올리면서 유동성을 줄이는 때일 수도 있겠죠?

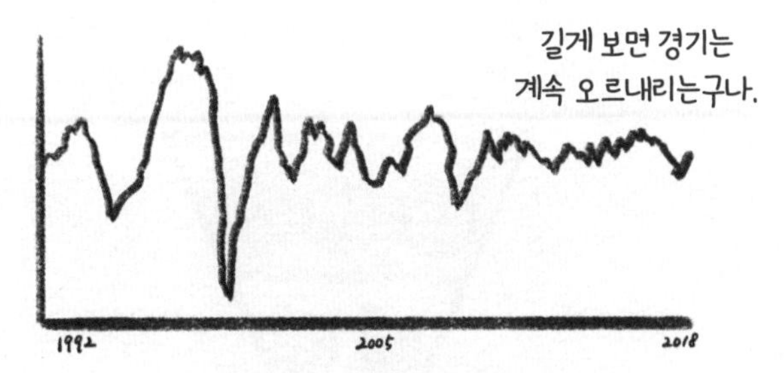

길게 보면 경기는
계속 오르내리는구나.
1992
2005
2018

*1990~2018 대한민국 경기지수

전 세계 경기가 호황일 수도 있겠지만,
반대로 불황이 와서 주식시장이 침체기일지도 모르겠습니다.

글로벌 경기와 주식시장은 항상 변화하기 때문이죠.
그래서 예상하기 어렵고 매번 새로워 보이기까지 합니다.

주식시장은 여자의 마음인가? 언제나 알 수가 없다.

그러나 좀 더 멀리 봤을 때, 다음에 언급할 내용은 저와 독자분들 세대는 물론
어쩌면 우리 다음 세대까지 변하지 않고 지속하리라 생각합니다.
그것은 바로 경제 선진국의 인구성장이 정체되고
사회 구성원이 노령화된다는 점입니다.

그러다 보니 경제의 성장은 둔화할 수밖에 없죠.
큰 흐름에서 보면 한 나라의 생산과 소비는
(경제활동) 인구의 수와 비례할 테니까요.

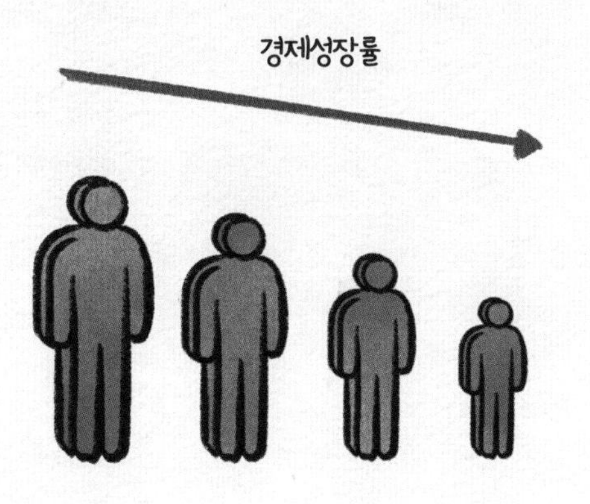
경제성장률

경제성장이 둔화하면 인플레이션보다는
디플레이션과 높은 실업률을 걱정해야 할 겁니다.

어떡하지?
실업률이 높은데 디플레이션까지 겹쳐 정권 지지율이 하락하고 있습니다.
정치인

그렇기 때문에 국가 차원에서 (장기적으로)
금리를 많이 올리거나 유동성을 축소하는 것은 어려운 일입니다.
결국 화폐의 가치는 지속적으로 하락할 수밖에 없고,
반대로 특정 자산의 가격은 상승하겠죠.

경기 부양을 위해
돈을 계속 찍으니
가치는 하락하겠네.
유동성
<정부>

반면 AI와 로봇의 등장으로 촉발된 자동화로 인해서
노동의 가치, 즉 임금은 기대한 만큼 상승하기 어려울 것입니다.
결국 열심히 일만 해서는 편안한 노후 보장이 어렵다는 것이죠.

내 노후는
누가 지켜주지?

이런 상황에서 현명한 경제적 행동을 통해
자신의 노후를 스스로 지키는 여러분이 되시기를 바랍니다.
꼭 주식만이 답이 아닐 수도 있겠지요.

노후를 위한 준비운동!
SAFE
난 부동산!
난 먹방!

하늘이 무너져도 솟아날 구멍이 있는 것처럼
어떤 기업은 저성장의 글로벌 경제 환경에서도 승승장구할 것입니다.
경제를 공부하고 주식매매를 할 줄 안다면
그런 기업(주식)을 통해 내 노후를 준비할 수 있겠죠?

난 언젠가 전기차가 대세가 된 세상이 올 것이라 확신했어.
하지만 내가 직접 전기차 사업을 하자니 필요한 것이 너무 많잖아.

EV

하지만 좌절할 필요가 없지.
나 대신 사업을 잘해줄 사업가들이 있으니까.
일론 머스크 같은….
난 그 회사의 주식을 사면 되지!

난 주식을 살 테니
사업은 당신이 하세요.
Tesla
BUY!
*이해를 돕기 위한 예시일 뿐
실제 주식투자에 대한 의견이 아닙니다.

전기차 산업? 한때 뉴스에 많이 나오면서
테마주가 되었을 때 단타로 짭짤하게 먹었지.
실적발표 며칠 전에 사서 파는 방식이 참 좋았어.

1 2 3 4 5 6 7
8 9 10 11 12 13 14
다음 주에 신차 판매 수 발표하는구나.
또 깜짝 실적이 나오려나?
거래량이 증가하네? 오늘 좀 살까?

우리나라에 배터리를 만드는 회사 중
실적이 급격하게 좋아지는 종목이 있었어.
여기에 투자해서 높은 수익률을 올렸지.

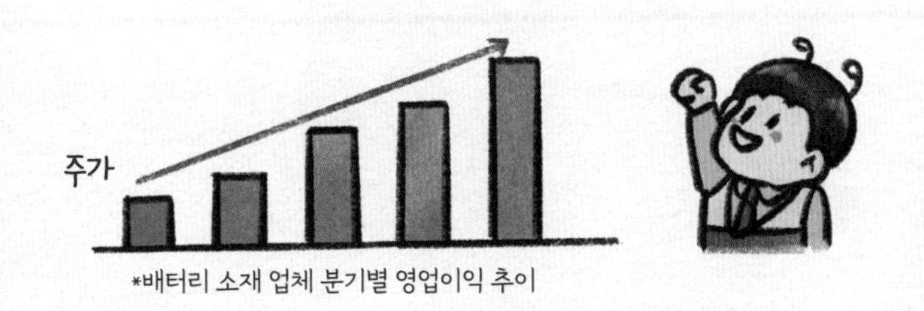
주가
*배터리 소재 업체 분기별 영업이익 추이

같은 산업일지라도 자신의 주식 스타일에 따라
각자 다르게 돈을 벌고, 노후를 준비하시길 바랍니다!

노후 준비의 대안으로 주식투자를 선택하셨다면
힘들고 포기하고 싶을 때마다 이 책을 다시 보기를 권해드립니다.

이대로 포기할 수는 없어.
툰개미의 책을 다시 보자!
툰개미

언제든 도전하세요!
'주식 하면 안 되는 스타일'이라고 포기하기에는
너무 이른 시점일 수도 있으니까요.

난 주식 하면
안 되나 봐….
너무 일찍 포기하는 것 아닌가요?

최소한 나의 '주식 스타일' 정도는 파악하는 게 어떨까요?
자신의 스타일에 대한 확신만 생긴다면
쏟아지는 정보의 홍수 속에서도 흔들리지 않고 중심을 잡을 것입니다.

저평가
급등주
지라시
정보매매
추천주
테마
루머
리딩방
보고서

개미지옥에서 탈출하여 주식 고수가 되는 그날까지,
당신을 응원하겠습니다!
훌륭한 투자자가 되어 다시 만나요!

다시 만날 때에는
저를 많이 가르쳐주시길….
읽어주셔서 감사합니다.

주식, 개미지옥 탈출하기

1판 1쇄 발행 2022년 6월 10일

지 은 이 김승대
펴 낸 이 신혜경
펴 낸 곳 마음의숲

대 표 권대웅
편집주간 박현종
편 집 채수회 김도경
디 자 인 박기연
마 케 팅 노근수

출판등록 2006년 8월 1일(제2006-000159호)
주 소 서울시 마포구 와우산로30길 36 마음의숲빌딩(창전동 6-32)
전 화 (02) 322-3164~5 **팩스** (02) 322-3166
이 메 일 maumsup@naver.com
인스타그램 @maumsup
용지 (주)타라유통 **인쇄 · 제본** (주)에이치이피

ISBN 979-11-6285-117-3 (13320)

* 값은 뒤표지에 있습니다.